La Edad Media en España

predom

Siglos VIII-XII

José Luis Martín

Centre for Modern
Languages
Plymouth Campus

Colección: Biblioteca Básica
Serie: Historia

Diseño: Narcís Fernández

Maquetación: Pablo Rico

Edición gráfica y comentarios a las ilustraciones:
Manuel González Moreno

Coordinación científica: Joaquim Prats i Cuevas
(Catedrático de Instituto
y Profesor de Historia
de la Universidad de Barcelona)

© del texto, José Luis Martín, 1989
© de la edición española, Grupo Anaya, S. A., 1989
Juan Ignacio Luca de Tena, 15. 28027 Madrid

Primera edición, noviembre de 1989
Segunda edición, septiembre de 1994

I.S.B.N.: 84-207-3550-7
Depósito legal: M-24.755/1994
Impreso en ANZOS, S. A.
La Zarzuela, 6. Polígono Industrial Cordel de la Carrera
Fuenlabrada (Madrid)
Impreso en España - Printed in Spain

Contenidos

Los nuevos señores de Hispania

La ocupación musulmana no destruyó la organización visigoda, pero a largo plazo la modificó sustancialmente: los tesoros reunidos por monarcas y eclesiásticos fueron puestos en circulación; la entrada de al-Andalus en la zona económica musulmana dio lugar a un extraordinario desarrollo de las ciudades, de la artesanía y del comercio interior e internacional; sin embargo, en las zonas no dominadas por el Islam continuó el predominio de la economía basada en la explotación de la tierra.

Inferiores culturalmente a los visigodos, los musulmanes aceptaron la cultura visigoda, pero mientras ésta se anquilosaba en manos de los mozárabes (cristianos que permanecieron en las zonas dominadas por los musulmanes), las aportaciones orientales hicieron de al-Andalus el centro cultural más importante de Europa, que, además, debe a los musulmanes el conocimiento de la cultura clásica.

El número de los musulmanes establecidos en la Península fue escaso y la ocupación sólo resultó efectiva en las comarcas del sur, las más romanizadas, las más fértiles y las mejor controladas por la nobleza hispanovisigoda. En el norte, las tribus mantuvieron su relativa independencia y lentamente fueron avanzando hacia el sur, ampliando su territorio hasta convertirse en reinos en abierta competencia con los musulmanes.

La historia de este período es, pues, la historia de la convivencia y del enfrentamiento entre dos formas de vida, entre dos sociedades, entre dos economías: la de al-Andalus, heredera en parte de la hispanovisigoda y revitalizada por las aportaciones islámicas, y la de los reinos del norte, no menos herederos de los visigodos y vinculados por su religión y por sus formas de vida al mundo occidental.

4

1

Arabes y musulmanes

La elección del último rey visigodo, Rodrigo, no satisfizo a todos los nobles, y algunos descontentos pidieron ayuda a los musulmanes instalados desde poco antes en el norte de Africa. Rodrigo fue derrotado y los vencedores se instalaron de manera permanente en la Península. Sometieron en poco más de tres años a los nobles partidarios de Rodrigo y consiguieron que los demás aceptaran la nueva situación a cambio de mantener los cargos y conservar sus riquezas. Hispania se convirtió en al-Andalus, nombre que recibió esta nueva provincia del Islam, y sus gobernantes dependieron durante cerca de cincuenta años, época del emirato dependiente (711-756), de los gobernadores o emires norteafricanos.

La historia política de los ciento cincuenta primeros años de dominio musulmán está dominada por las luchas internas entre árabes del norte y del sur y de todos los árabes, sin distinción de procedencia, contra los beréberes norteafricanos y contra los hispanos convertidos al Islam; las causas de estos enfrentamientos hay que buscarlas en la situación de Arabia en el siglo VII y en los cambios sufridos por el Islam en su primer siglo de existencia.

La degollación de los inocentes, fresco del interior del monasterio de Mondoñedo, donde la escena evangélica ha sido recreada con personajes ataviados a la manera musulmana, como demostración de la animosidad que la invasión árabe provocó en la Hispania sometida al dominio del Islam desde el siglo VIII.

Arabes del norte y árabes del sur

En sus orígenes, los árabes del sur (yemeníes o kalbíes) y los del norte (qaysíes) se distinguieron entre sí por la forma de vida: sedentarios-agricultores los yemeníes y nómadas-pastores los qaysíes. Los segundos atacaban con frecuencia las caravanas de mercaderes y saqueaban los campos de cultivo, dando lugar a un enfrentamiento que la solidaridad tribal hizo hereditario. Las doctrinas igualitarias del Islam habrían zanjado las luchas tribales si a la muerte del Profeta los habitantes de Medina, árabes del sur que acogieron a Mahoma cuando huyó de La Meca, no se hubieran visto postergados por los familiares de Mahoma, ciudadanos de La Meca.

Las rivalidades tribales resurgieron, después, en los países conquistados, y fueron hábilmente utilizadas por los califas omeyas para fortalecer su poder personal. En los nuevos territorios, la rivalidad se tradujo en la entrega de las mejores tierras al grupo al que pertenecía el jefe local, que era designado según los intereses de los omeyas. En la Península se sucedieron gobernadores de los dos grupos, con lo que se logró cierto equilibrio: unos y otros eran conscientes de que sus disensiones favorecían a los nuevos musulmanes, los beréberes, descontentos del trato recibido tras su adhesión al Islam.

Para Mahoma todos los creyentes eran iguales, pero la ocupación de nuevos países produjo una solidaridad entre los conquistadores frente a los conquistados. Se estableció, así, una superioridad real de los árabes, que se consideraban y actuaban como una aristocracia dentro del Islam. Esta dominación y las disidencias religiosas dieron lugar a continuas luchas entre los árabes y los restantes musulmanes, hasta que éstos, en el año 750, pusieron fin a la dinastía omeya (árabe) en Oriente y la sustituyeron por la abasí.

Las luchas tribales

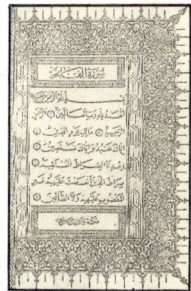

Página del Corán, libro que fundamenta la nueva fe surgida en la península Arábiga bajo el signo de la guerra santa, y que había de extenderse por todo el norte de Africa hasta llegar a la península Ibérica.

Arabes y beréberes

En la Península, los beréberes norteafricanos, que habían sido utilizados como auxiliares en la conquista, habían recibido las tierras de peor calidad; mientras los árabes se asentaban en las fértiles comarcas andaluzas y en el valle del Ebro, los beréberes eran relegados a la Meseta y a las zonas montañosas de Portugal, alejados, además, de todo puesto de gobierno. Su situación de inferioridad fue denunciada, y en el año 739 se produjo la gran sublevación de los beréberes norteafricanos y de los asentados en la Península, coincidiendo con uno de los enfrentamientos entre árabes del Norte y del Sur.

Los árabes, unidos, derrotaron a los beréberes, pero las tropas sirias que habían pasado el Estrecho rompieron el equilibrio a favor de los árabes del Norte. La intervención del emir de la provincia norteafricana evitó la guerra civil y se restableció el equilibrio, hasta que en el año 756 un miembro de la dinastía omeya, Abd al-Rahmán I, utilizando hábilmente la rivalidad entre los árabes, logró imponer su autoridad en la Península y la independizó del Islam oriental.

Los árabes llegados a la Península mantuvieron inicialmente su dependencia del califato omeya, hasta que el primero de los emires de esta dinastía, asentada en la ciudad de Córdoba, decidió la independencia del territorio conocido como Al-Andalus. De este modo nació el emirato independiente de Córdoba.

El emirato independiente

El nuevo emir no basó su poder en el apoyo de un grupo tribal, sino que intentó crear un núcleo de fieles a su persona a los que confió los puestos de mando; y con su ayuda hizo frente a las últimas sublevaciones de carácter tribal y a las provocadas por los califas abasíes de Oriente, que no se resignaban a perder al-Andalus.

A partir de entonces, las luchas perdieron su carácter tribal para reducirse a enfrentamientos entre el poder central, radicado en Córdoba, y los gobernadores de las zonas fronterizas, dotados por su situación geográfica de cierta autonomía y de una fuerza militar que les permitía desafiar el poder de los emires, aliándose, si fuera necesario, con la población autóctona y con los reyes cristianos; éste fue el caso del gobernador

Miniatura del *Beato de Liébana* (siglo X) con escenas rurales y elementos de arquitectura mozárabe. La ocupación árabe se limitó a una presencia militar en aquellos territorios que no podían poblar. De esta forma, surgieron las comunidades mozárabes o cristianas sometidas a vasallaje los musulmanes.

El motín del arrabal

La existencia de una numerosa población cristiana en los nuevos confines del califato cordobés supuso una fórmula inicial de convivencia pacífica, en la que no faltaron revueltas de los mozárabes (los cristianos que vivían en territorio árabe) a medida que el dominio musulmán se fue haciendo más severo.

de Zaragoza, que ofreció su ayuda a Carlomagno para ocupar los pasos de los Pirineos (sin éxito, pues sus ejércitos fueron derrotados por los vascos en Roncesvalles, el 778).

La pacificación de los árabes y la desaparición de los beréberes como fuerza militar no puso fin, sin embargo, a las guerras entre musulmanes. Los hispanovisigodos convertidos al Islam lucharon a lo largo de todo el siglo IX por ver reconocida su igualdad con los árabes; estos enfrentamientos de carácter religioso-social tuvieron lugar en la capital de al-Andalus y en las ciudades fronterizas, en las que predominaba la población muladí (conversa). A pesar del progreso que representaba la vida urbana respecto a la igualdad ante el fisco, los muladíes cordobeses se sentían postergados por los árabes y, en parte, por los cristianos, uno de cuyos dirigentes, el conde Rabi, mandaba la guardia personal del emir, integrada por mercenarios, que resultaban más de fiar que los árabes.

Los alfaquíes, especialistas en derecho y religión, canalizaron el descontento urbano y, tras años de conspiración y agitaciones, dirigieron un motín, en el 828, en el que estuvieron a punto de apoderarse del emir al-Hakam; intervinieron junto a ellos los mercaderes y artesanos del arrabal de Córdoba. Los dirigentes fueron ejecutados, el arrabal convertido en campo de labranza y sus habitantes, a excepción de los alfaquíes, obligados a exiliarse.

La tensión disminuyó en el reinado de Abd al-Rahmán II (822-852), quien hizo ejecutar al conde cristiano y mandó destruir el mercado del vino existente en uno de los barrios de Córdoba; con estas medidas se congració con los muladíes, agraviados por los mercenarios, y con los alfaquíes, partidarios de cumplir la prohibición del vino por el Corán.

Revueltas armadas muladíes

Mayor consistencia que el motín del arrabal de Córdoba tuvieron las sublevaciones de los muladíes fronterizos de Mérida, Toledo y el valle del Ebro. En Toledo, a partir del año 797, se sucedieron las sublevaciones prácticamente cada diez años, y desde el 888 hasta el 912 los toledanos ignoraron la autoridad del emir. En Mérida, las revueltas se iniciaron en el 805, y a partir del 868 el foco rebelde se trasladó a Badajoz, donde Ibn Marwan y sus hijos, con la ayuda del monarca asturiano Alfonso III, se mantuvieron independientes desde el 884 al 929. En el valle del Ebro, los Banu Qasi, familia descendiente del conde visigodo Fortún, convertido al islamismo en los primeros momentos, desafiaron ininterrumpidamente al poder cordobés; unidos a los vascones de Pamplona mantuvieron su independencia frente a los emires del Sur y a los carolingios del Norte durante todo el siglo IX.

Los muladíes fronterizos actuaron en muchos casos de acuerdo con los cristianos del norte, que pudieron, gracias a la cortina protectora de estos movimientos, consolidar y organizar sus dominios, aunque ninguno de los reinos y condados cristianos disponía de fuerza suficiente para inquietar a Córdoba y las revueltas muladíes fueron fácilmente sofocadas. De Ludovico Pío, sucesor de Carlomagno, se conserva una carta del año 826 en la que ofrece ayuda militar a los muladíes sublevados:

«Hemos oído vuestra tribulación y las muchas angustias que padecéis por la crueldad del rey Abd al-Rahmán, el cual, por la demasiada codicia con que quiere quitaros vuestros bienes, os ha afligido muchas veces con violencia (...) Y os hacemos saber que si quisiereis apartaros de él y veniros a nosotros, os concedemos plenísimamente que gocéis vuestra antigua libertad (...)».

Las relaciones entre los omeyas cordobeses y sus hermanos del norte de Africa comenzaron a restablecerse a mediados del siglo X, a medida que el poderío y el lujo de la corte cordobesa iba confiriendo a la dinastía omeya la hegemonía en el mundo islámico.

Sin embargo, en la segunda mitad del siglo IX los omeyas se vieron obligados a concentrar todas sus fuerzas en el sur, para hacer frente a los muladíes andaluces; mandado por Umar ibn Hafsún y sus hijos, se mantuvieron en Bobastro desde el año 882 hasta el 928 y llegaron en alguna ocasión a asediar la capital cordobesa.

La rebelión de Bobastro tuvo relación y coincidió en el tiempo con diversas sublevaciones muladíes en las montañas de Jaén, en el sur de Portugal y en las ciudades de Granada y Sevilla, donde los hispanos, muladíes y cristianos, se enfrentaron a los árabes. Además, a las zonas independizadas de Córdoba se añadió la ciudad comercial de Pechina, próxima a Almería, en la que se estableció una confederación o república de marinos y mercaderes que actuaron independientemente de los emires hasta el año 922. La gran obra del primer califa omeya Abd al-Rahmán III (912-961) consistió en lograr la vuelta de estas regiones a la obediencia cordobesa, restableciendo la unidad de al-Andalus.

El mantenimiento de la fe cristiana en los dominios islámicos sufrió continuas represiones a cargo de los sectores más radicales de la sociedad hispano-musulmana. No obstante, la comunidad mozárabe consiguió mantener sus señas de identidad religiosa. Prueba de ello son las magníficas miniaturas de los *beatos*. Los mozárabes destacaron como ilustradores de manuscritos.

La sociedad árabe instalada en la península Ibérica estuvo regida por los principios coránicos, cuyo guardián y ejecutor máximo era el califa cordobés (arriba), que ocupaba el vértice de la pirámide social y religiosa del Islam hispánico. Los musulmanes hispanos mantuvieron una ortodoxia religiosa fundada en el rito malequí. La piedra negra de la Kaaba (derecha) era el símbolo religioso de una doctrina que registraba numerosas escuelas de interpretación.

El rito malequí

Beréberes y muladíes se sublevaban contra los árabes invocando los principios igualitarios del Islam, y en sus revueltas tenían con frecuencia un papel destacado los alfaquíes (los especialistas en religión, que en el mundo islámico se confundía con el derecho). También en este campo al-Andalus ofrece algunas particularidades que conviene tener en cuenta para entender su historia. El Islam como religión no estaba claramente estructurado a la muerte de Mahoma (632); sus doctrinas no fueron recogidas hasta veinte años más tarde, tomando como base los recuerdos de Zayd, uno de los libertos y discípulos del Profeta, cuya versión no fue aceptada unánimemente. Por otra parte, las revelaciones coránicas, tomadas como base del derecho, eran insuficientes para regular las numerosas cuestiones de gobierno, administración y justicia planteadas a los musulmanes, y fueron completadas con la tradición, con las normas y modos de actuación atribuidos a Mahoma, al que se tomó como modelo.

El Corán (revelación) y la Sunna (tradición) forman la ley religiosa que es la base del derecho, de la organización y de la vida social de los musulmanes. La aceptación de una u otra lectura del Corán o de determinados relatos de la Sunna y el modo de interpretar uno y otra tienen, por tanto, una gran importancia en la historia de los musulmanes, para los que religión y política —en sentido amplio esta última— están íntimamente unidas. El Islam hispano se mantuvo en la ortodoxia, pero entre las cuatro escuelas o formas ortodoxas existentes se aceptó la más intransigente, la que menos libertad dejaba a la interpretación: la doctrina malequí.

Su introducción en la Península suele fecharse en los últimos años de Abd al-Rahmán I, y su

conversión en doctrina oficial fue obra de Hisham I (788-796). En lugar de aceptar las teorías de Malik ibn Anas y sobre ellas elaborar un cuerpo doctrinal, los alfaquíes se limitaron a dar valor oficial a la obra de dos juristas de Cairuán que habían recogido en forma sistemática los posibles casos y los habían resuelto de acuerdo con las ideas de Malik; lo que se aceptó no fue una doctrina susceptible de nuevos desarrollos, sino un código inmutable de cuya observancia los alfaquíes se convirtieron en guardianes.

El apoyo dado por los emires a esta escuela se debió a su ortodoxia y al hecho de que el Islam hispano, alejado del oriental en el año 750, necesitaba establecer claramente unas diferencias religioso-jurídicas y precisaba, al mismo tiempo, unas normas simples que redujeran las posibilidades de conflicto entre los ya divididos musulmanes. La idea de los emires omeyas, reducida a sus términos más simples, consistía en

Khabid y su tribu pregrinan a la Meca, según la hermosa representación de una miniatura persa del siglo XVIII. Pese a su uniformidad religiosa, los árabes adoptaron diferentes posturas ante la fe islámica. A pesar del carácter tolerante de los califas cordobeses, correspondía a los intransigentes alfaquíes la salvaguardia de la ortodoxia andalusí.

que en épocas de inseguridad debían prevalecer las normas sobre los principios. Sólo cuando los califas del siglo X se sintieron seguros, estuvieron en condiciones de prescindir de la tutela de los alfaquíes y de permitir innovaciones en materia religioso-jurídica. Pero en época de Almanzor volvieron de nuevo a la situación de dependencia respecto a los alfaquíes, que anularon las medidas liberales adoptadas por los califas.

2

Musulmanes y cristianos

Las comunidades cristianas (mozárabes) que permanecieron en las tierras ocupadas por los musulmanes conservaron su organización política, jurídica y eclesiástica, y tuvieron sus propios jueces, recaudadores de impuestos, condes y obispos, aunque unos y otros fueran nombrados o confirmados en el cargo por los emires.

La tolerancia musulmana se explica, en primer lugar, por la superioridad cultural de obispos y condes cristianos, cuya colaboración era necesaria para el gobierno de ciudades y distritos, dado que los árabes y beréberes eran ante todo militares, carecían de preparación y preferían, en la Península y en el resto de las zonas conquistadas, mantener en funcionamiento el aparato

administrativo de épocas anteriores. Esta tolerancia hacia los cristianos se halla, además, expresamente ordenada en el Corán y se reforzaba por el interés de los musulmanes en que no desapareciese la importante fuente de ingresos que representaban los impuestos territoriales y personales pagados por los no creyentes.

Aunque tolerados, los cristianos no disfrutaban de los mismos derechos que los musulmanes; se les prohibían las manifestaciones externas de culto, la construcción y reparación de iglesias y monasterios, y cuando fue necesario, como en Córdoba, se los obligó a ceder la mitad de la iglesia de San Vicente para utilizarla como mezquita.

Bóveda de crucería del Mihrab. La extraordinaria belleza de esta arquitectura y el refinado gusto que refleja el arte decorativo califal nos sitúan ante las manifestaciones más suntuosas de un poder que, a finales del siglo X, iba adquiriendo un carácter hegemónico, tanto en lo político como en lo social y lo religioso, mientras relegaba el culto cristiano a modestas edificaciones.

Figura pertene-
ciente a un frag-
mento del *Beato
de Liébana,* uno de
los libros minia-
dos, representati-
vos de la cultura
mozárabe y del es-
píritu de resisten-
cia que animó a los
creyentes cristia-
nos durante la lar-
ga, y muchas veces
cruel, dominación
islámica.

Religión y política cristiana: el adopcionismo

La Iglesia española mantuvo su unidad, bajo la dirección del metropolitano de Toledo, hasta fines del siglo VIII; la autoridad del metropolitano sobrepasaba los límites de los dominios musulmanes y se extendía a las comarcas asturianas y a la zona de Urgel, controlada por los carolingios (el reino de Pamplona apenas estaba cristianizado). La escisión de la Iglesia visigoda y la pérdida de autoridad del metropolitano tuvo motivos religiosos y causas políticas. Los contactos entre musulmanes y cristianos llevaron al monje Félix a buscar una forma de hacer entender a los musulmanes y a los cristianos influidos por el Islam el dogma trinitario, y la halló en el adopcionismo: la creencia de que Jesucristo era hijo adoptivo de Dios en cuanto a la humanidad, aunque no en cuanto a la divinidad. Nombrado obispo de Urgel en el año 782, Félix logró que sus teorías fueran aceptadas por los obispos mozárabes reunidos en el concilio de Sevilla del año 784. Frente a su teoría se alzaron el presbítero Beato de Liébana, el obispo Eterio de Osma, en el reino astur, y los eclesiásticos francos dirigidos por Alcuino, que afirmaban que Cristo en cuanto a las dos naturalezas, divina y humana, era hijo único y propio de Dios.

La oposición religiosa de astures y carolingios a los obispos mozárabes, dirigidos por Elipando de Toledo, se tiñó rápidamente de política: Beato y Eterio eran partidarios del pretendiente astur, Alfonso II, enfrentado a Mauregato (783-788), quien durante su reinado mantuvo una política de sumisión al emir cordobés, semejante a la de sus antecesores Aurelio y Silo.

La ruptura de los lazos eclesiásticos con al-Andalus respondía al malestar de los astures, sometidos por la incapacidad de sus reyes al pago de tributos a los musulmanes; la escisión eclesiástica fue seguida de la subida al trono de Alfonso II y de la reanudación de las hostilidades entre musulmanes y astures. Félix de Urgel, cuya diócesis estaba en territorio carolingio, fue obligado a retractarse y condenado a permanecer lejos de la comarca, que fue evangelizada por monjes y obispos franceses e incorporada religiosa y políticamente a los dominios carolingios. En adelante, la ocupación político-militar de tierras por los cristianos se vio siempre acompañada de la incorporación de sus iglesias o sedes a la organización eclesiástica del conquistador. La autoridad del arzobispo toledano quedó reducida a los dominios musulmanes. En la Edad Media no había independencia política sin independencia eclesiástica.

Política y religión

Fragmento del *Códice Albeldense*, obra correspondiente al período de equilibrio surgido a partir del siglo X. Los cristianos recuperaron ciertas comarcas septentrionales de la Península y, con esta independencia política, la libertad religiosa para organizar las diócesis liberadas.

Religión y cultura: los mártires mozárabes

La pérdida de la influencia religioso-política de la jerarquía eclesiástica en las tierras no dominadas por el Islam, la codificación del derecho y de la religión islámicos y el afianzamiento del dominio musulmán repercutieron en la situación de muchos mozárabes, que abandonaron el cristianismo, especialmente en el campo. Es posible que la tolerancia de los omeyas disminuyera en esta época, por la instigación de los alfaquíes y por la colaboración militar entre los rebeldes de Mérida (muladíes y cristianos) y Alfonso II de As-

Frontal de Santa Julita, pintado en el siglo XII, en el Rosellón. En torno a la santa aparecen cuatro escenas de martirio.

turias. Al mismo tiempo, los servicios de los cristianos como administradores eran cada vez menos necesarios, al reanudarse los contactos del Islam español con Oriente, de donde llegaron personas cultural y técnicamente más preparadas, que ejercieron una destacada influencia sobre los mismos mozárabes.

Contra esta dependencia y sumisión cultural, contra la islamización creciente en el vestido, en las costumbres e incluso en la religión, reaccionaron los mozárabes intransigentes dirigidos por Eulogio y Alvaro de Córdoba, que incitaron a

Otra escena de martirio perteneciente al mencionado frontal de Santa Julita.

sus correligionarios a hacer profesión pública de fe y a combatir la religión islámica, lo que llevaba consigo la pena de muerte. A esta situación anti-islamizante se refiere el clérigo Alvaro de Córdoba:

«No se encuentra ya bajo la dominación de los infieles uno solo de los nuestros que compre o venda sin llevar impreso el sello de la bestia ferocísima (...) Pues ¿qué otra cosa hacemos que grabar este sello en el alma y en el cuerpo cuando, para evitar los improperios de nuestros enemigos, practicamos la circuncisión corporal...?».

Abd al-Rahmán II (822-852) intentó evitar por todos los medios la extensión del conflicto, pero los martirios voluntarios continuaron y el emir recurrió a la convocatoria de un concilio de la Iglesia en el que se hizo representar por el cristiano Gómez, recaudador de impuestos. En este concilio (Toledo, 852) los obispos, con la excepción del cordobés Saúl, prohibieron a los cristianos buscar el martirio por cuanto equivalía al suicidio. Asegurado por los acuerdos conciliares de que el conflicto se reducía a Córdoba, Abd al-Rahmán hizo detener a los jefes del movimiento mozárabe.

Con la ejecución de Eulogio (859), en tiempos de Muhammad I, finalizó la exaltación mística que había puesto en peligro la convivencia entre cristianos y musulmanes. Los alfaquíes endurecieron su postura y los funcionarios cristianos de la corte fueron obligados a convertirse al Islam si no querían perder sus cargos. De estos años data la afluencia en masa a los reinos cristianos del norte de clérigos y monjes mozárabes, que aportaron su organización política y cultural según el modelo visigodo del que toman las leyes: *Liber Iudiciorum,* que más adelante se transformó en el *Fuero Juzgo,* en el código del reino leonés.

Los mártires cristianos asumían voluntariamente su sacrificio con objeto de obligar al emir a derogar las disposiciones prohibitivas contra el culto cristiano. En la página opuesta, miniatura del *Beato de Liébana,* conservado en la catedral de Gerona, en la que se representan el cielo y el infierno.

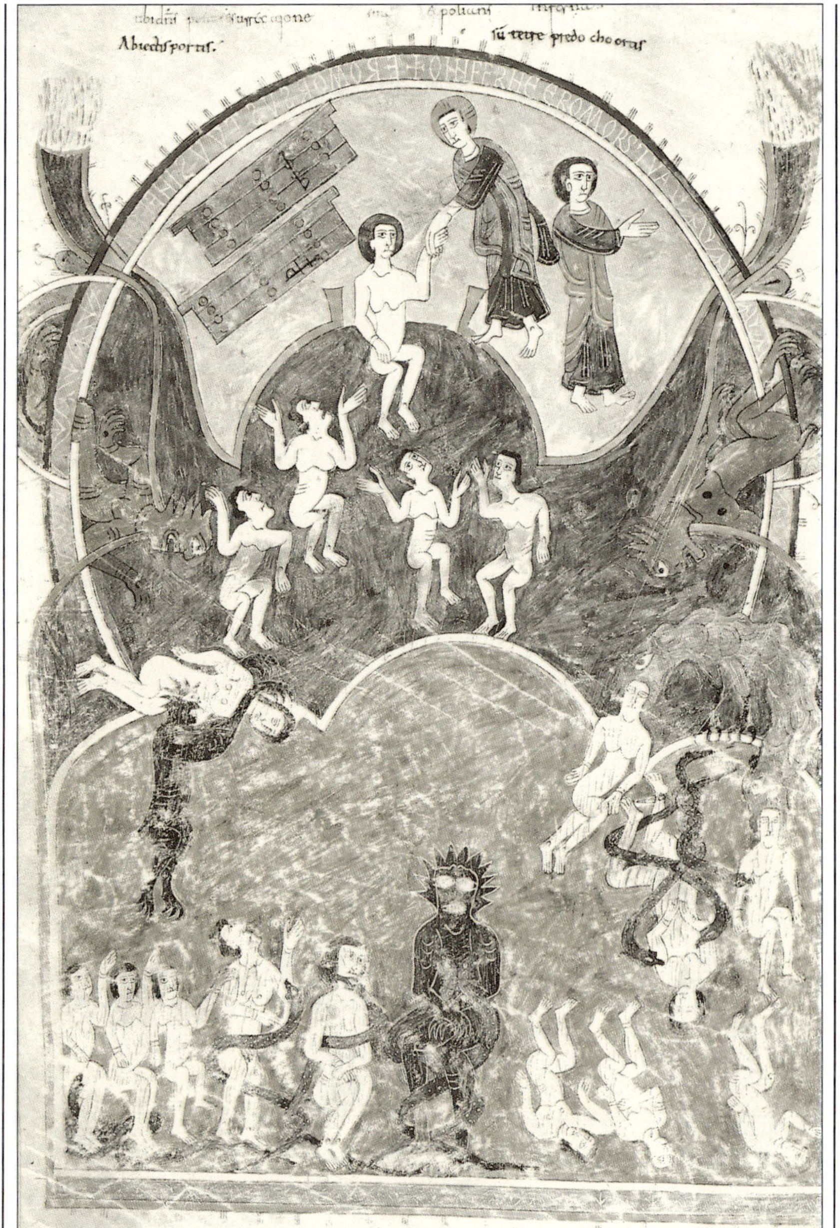

3

Córdoba y los reinos y condados del Norte

La ocupación de la Península no fue total; los musulmanes, no muy numerosos, se asentaron en las zonas más fértiles y en las demás establecieron guarniciones o enviaban esporádicamente grupos armados, cuya misión era cobrar o recordar la obligación de pagar los impuestos y prevenir cualquier intento de emancipación.

En muchos casos, llegaron a acuerdos con los nobles visigodos para que siguieran gobernando en su nombre, como puede verse en este pacto firmado con el conde Teodomiro, reproducido por Sánchez Albornoz en su obra *La España musulmana:*

El régimen feudal se adaptó al dominio musulmán con pocas variaciones respecto al sistema de explotación económica vigente en la época visigoda.

«En nombre de Dios clemente y misericordioso. Escritura otorgada por Abd al-Aziz ben Musa ben Nusayr a Theodomiro ben Gobduz. Que éste se aviene o se somete a capitular, aceptando el patronato y

clientela de Alá y la clientela de su Profeta (...) con la condición de que no se impondrá dominio sobre él ni sobre ninguno de los suyos; que no podrá ser cogido ni despojado de su señorío; que ellos no podrán ser muertos, ni cautivados, ni apartados unos de otros, ni de sus hijos ni de sus mujeres, ni violentados en su religión, ni quemadas sus iglesias; que no será despojado de su señorío mientras sea fiel y sincero, y cumpla lo que hemos estipulado con él; que su capitulación se extiende a siete ciudades, que son: Orihuela, Valentina, Alicante, Mula, Bigastro, Eyyo y Lorca; que no dará asilo a desertores ni a enemigos; que no intimidará a los que vivan bajo la protección nuestra, ni ocultará noticias de enemigos que sepa. Que él y los suyos pagarán cada año un dinar, y cuatro modios de trigo, y cuatro de cebada, y cuatro cántaros de arrope, y cuatro de vinagre, y dos de miel, y dos de aceite; pero el siervo pagará la mitad.»

Los antiguos señores visigodos fueron, en muchos casos, mantenidos en sus prerrogativas de control y usufructo de sus dominios territoriales. De esta forma, la vida en la Hispania sometida al Islam no supuso un cambio sustancial para muchas capas sociales.

27

El reino astur

La resistencia a los musulmanes la iniciaron las tribus del norte, mal dominadas por los visigodos y opuestas, anteriormente, al dominio romano. Fueron los astures, dirigidos por el visigodo Pelayo, quienes, el 718, consiguieron la primera victoria conocida frente a uno de estos grupos militares. Esta victoria fue más tarde mitificada por los cronistas cristianos, que convirtieron a Covadonga en una gran batalla de la que partiría la reconquista cristiana, cuando en realidad no fue sino una simple escaramuza ignorada por los musulmanes.

La derrota de los beréberes frente a los árabes y una prolongada sequía en la Meseta du-

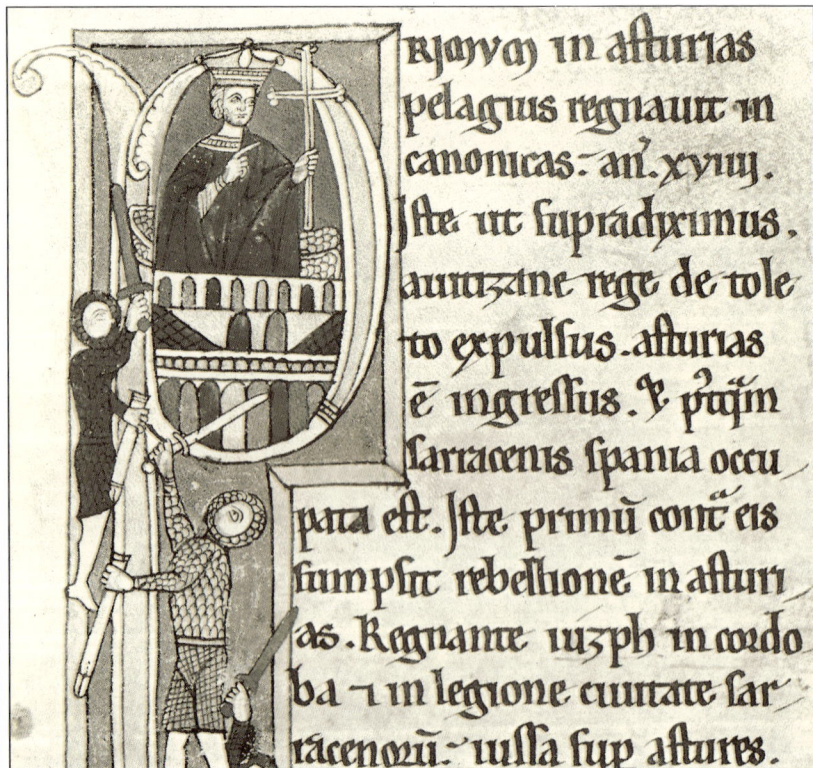

rante los años 750-753 redujeron mucho la población musulmana e hicieron posible los avances de astures y cántabros, cuyo rey, Alfonso I, desmanteló las guarniciones musulmanas del valle del Duero y trasladó a los cristianos de esta región a las zonas montañosas.

La insuficiencia demográfica de cristianos y musulmanes y el escaso interés de los árabes por esta zona poco productiva y casi despoblada hicieron que las fortalezas semiderruidas fueran abandonadas. Entre musulmanes y cristianos se extendió en adelante una amplia zona de nadie que sólo fue ocupada por los últimos cuando el aumento de la población lo permitió y lo hizo necesario, a mediados del siglo IX.

Combate de caballería en la *Biblia de San Isidoro*, conservada en la colegiata del mismo nombre, que refleja la lucha entre cristianos y musulmanes por el control de zonas fronterizas del valle del Duero.

La supervivencia de los cristianos del norte de la Península se basó en el continuo ejercicio de la guerra. La figura del campesino soldado, como el de la ilustración, se hizo habitual en las regiones fronterizas. La Iglesia de los territorios liberados del poder musulmán comenzó a adquirir una organización dependiente del poder de la corte astur. Las diócesis y los prelados pasaron a formar parte del sistema político presidido por la monarquía.

Si hasta ahora hemos hablado de astures y cántabros al referirnos a la población del norte no sometida a los musulmanes, la incorporación de los hispanovisigodos del Duero modificó la situación: las tribus montañesas fueron sustituidas por un reino, el astur, en el que predominaban política y culturalmente los visigodos; la guerra de los hombres de la montaña contra los del llano fue sustituida por la lucha entre cristianos y musulmanes.

En los últimos años de su reinado, Abd al-Rahmán I logró la sumisión de los reyes asturianos que, sin duda, se sometieron al pago de tributos hasta que se produjo la escisión adopcionista y subió al trono asturiano Alfonso II (791-842). En estos años se sitúa la leyenda según la cual los cántabroastures estaban obligados a dar cada año cien doncellas a los cordobeses. Ignoramos si realmente existió el tributo de doncellas, pero en los mercados de Córdoba se vendían esclavas rubias del norte.

Alfonso II supo ampliar sus dominios e iniciar la repoblación de las tierras devastadas por Alfonso I. Las sublevaciones muladíes facilitaron los avances asturianos por tierras gallegas, desde las que Alfonso apoyó a los rebeldes de Mérida y a su jefe Mahmud, refugiado en tierras asturianas tras el fracaso de la rebelión. Esta política de apoyo a los sublevados de Mérida y Toledo, desde donde partían los ataques musulmanes contra el reino astur, fue mantenida en la segunda mitad del siglo IX por Ordoño I y, sobre todo, por Alfonso III, en cuyo reinado los astures llevaron su frontera hasta el Duero, favorecidos por las guerras civiles musulmanas. Los avances hacia el oeste (Galicia) y hacia el sur (valle del Duero) se completaron con la penetración en el valle del alto Ebro y con la incorporación de los vascos occidentales al reino.

Septima teama sinodi. sub eodē rege egica celebrat toleti. in eccia
sce leocadie psentiby z subscribentiby. Felice pmate. S. austino yspaleñ
qvario matyo erintcñ. vem auchoneñ. S clyr brachareñ z matyus
absentiu

in h satio uter buiui psenity eozu conuty se comūnuit. z thomunigin
tur sibi satisfieri postulauit z h ouia in libro canonum plenissime
relaxuntur. mmmmmmmmmmmmmmmmmmmmmmmmmmmm

La expansión carolingia

Los montañeses gallegos, astures, cántabros y vascos occidentales pudieron organizarse y avanzar hacia el sur con relativa facilidad gracias a la sublevación beréber del siglo VIII, a las rebeliones muladíes del IX, a la escasez de la población musulmana asentada en el valle del Duero y a la aportación demográfica y cultural de los mozárabes. La situación era distinta en la zona pirenaica, donde a los montañeses se oponía una población musulmana (muladí o árabe) importante establecida en el valle del Ebro. La población de los valles pirenaicos, sometida al pago de tributos como único símbolo de su dependencia respecto a los musulmanes, se halló reducida a sus propias fuerzas hasta que los carolingios lograron ocupar el reino de Aquitania y la región narbonesa (la Septimania visigoda) entre los años 759 y 768.

Para evitar el peligro de nuevas penetraciones musulmanas en estos territorios, Carlomagno necesitaba controlar los pasos pirenaicos y una amplia franja en el sur que sirviera de freno a los ataques islamitas y permitiera organizar la defensa de las tierras situadas al norte. La sublevación del gobernador de Zaragoza contra Abd al-Rahmán I sería el pretexto y la ocasión de llevar a cabo estos proyectos que permitirían al mismo tiempo someter a los navarros de Pamplona. El fracaso de Roncesvalles obligó a Carlomagno a posponer sus planes peninsulares; pero su prestigio y la existencia de importantes núcleos de *hispani* (visigodos exiliados) en su reino animaron a los habitantes de Gerona y Urgel, sublevados contra el emir, a solicitar la ayuda imperial siete años más tarde; con ello provocaron un ataque de los musulmanes, que recuperaron estas tierras y saquearon las comarcas francas entre Tolosa y Narbona (793).

Carlomagno (arriba) decidió que las «marcas hispánicas» de su Imperio sirvieran para expulsar a los árabes del territorio europeo. El poderío militar musulmán y las querellas intensas de los cristianos hicieron imposible este empeño.

La reacción musulmana ponía de manifiesto la necesidad de dominar los Pirineos, cuyas guarniciones fueron sistemáticamente atacadas desde el año 798. A principios del siglo IX, los carolingios controlaban los Pirineos desde Navarra hasta Barcelona y crearon diversos condados, de los que sólo los orientales se mantuvieron bajo el dominio franco; en los restantes (Aragón y Pamplona), los condes carolingios fueron rápidamente expulsados con la ayuda de los banu Qasi del Ebro y se crearon un condado y un reino independientes de musulmanes y carolingios.

Los intentos carolingios de adentrarse en el interior de la península Ibérica se vieron reducidos a asentamientos fronterizos en la línea de los Pirineos.

Carlomagno y sus huestes avanzan hacia Pamplona en la expedición imperial que se saldaría con una estrepitosa derrota para el emperador franco, gracias a la alianza de los pamploneses con los muladíes para impedir los intentos de anexión tanto a cargo de los francos como de los cordobeses. En la página opuesta, Santiago, apóstol y patrono de España, derrota a los moros en la batalla de Clavijo. La miniatura corresponde al *Libro de privilegios de Felipe II*.

El reino de Pamplona y el condado de Aragón

El mismo afán de independencia llevó a los pamploneses, unidos a los muladíes del Ebro, a oponerse a los carolingios, que fueron expulsados en el año 816. La alianza Pamplona-muladíes estaba dirigida tanto contra los cordobeses como contra los carolingios y se mantuvo mientras el imperio fue una amenaza. Desorganizado éste y acrecentada la fuerza muladí en época de Musa ibn Musa, que llegó a hacerse llamar «el tercer rey de España» (tras el emir y el monarca asturiano), la alianza desapareció y se inició un período de intervención astur; sus reyes apoyaron a Pamplona contra los muladíes (batalla de Albelda, 859, que se ha identificado con la legendaria batalla de Clavijo), o se aliaron a éstos contra los cordobeses, buscando en todo momento que en el valle del Ebro hubiera una fuerza insuficiente para inquietar al reino astur, pero capaz de hacer frente a los ataques cordobeses, realizados desde el valle del Ebro desde el momento en que fueron desmanteladas las guarniciones de la Meseta por Alfonso I; el valle del Duero se había convertido en un desierto estratégico donde era difícil avituallar a las tropas.

Mientras los banu Qasi controlaron el valle del Ebro, las campañas cordobesas contra los astures fueron escasas, y Ordoño I y sus sucesores buscaron por todos los medios situar en él un poder suficientemente fuerte. Apoyaron a los hijos y nietos de Musa contra Córdoba, y cuando éstos se mostraron incapaces de restaurar el antiguo «reino» muladí, Alfonso III reforzó sus alianzas con Pamplona; allí consiguió instaurar una nueva dinastía (la de los Jimeno), cuyo primer rey, Sancho Garcés (905-925), abandonó la política defensiva de la anterior dinastía de los Arista y, seguro del apoyo asturiano por el oes-

REI DE CASTILA

te, avanzó sus fronteras hacia el sur, frente a los árabes, y hacia el este, cerrando el paso a los aragoneses, que hubieron de aceptar la protección de Pamplona.

También en Aragón fueron rechazados los carolingios (818) una vez alejado el peligro musulmán, pero aquí se mantuvo la organización condal y la influencia carolingia hasta que fue anulada, pocos años más tarde, por la inmigración de clérigos mozárabes; el condado aragonés entró en la órbita política del reino de Pamplona, al que se unió en el siglo X, para no recuperar la independencia, aunque mantuvo su propia organización, hasta 1035.

Homenaje a un conde catalán, según una miniatura del último tercio del siglo X. La organización condal en Cataluña y Aragón pronto adquirió rasgos de independencia política, al margen del imperio franco.

Los condados catalanes

En las comarcas catalanas la presencia carolingia fue más duradera y su historia durante el siglo IX estuvo directamente relacionada con el imperio carolingio. Los condes, fueran francos o hispanos, tendían a hacer hereditarios los cargos, intervenían en las guerras provocadas por el reparto del reino y, desde fines del siglo, actuaban con total independencia, al igual que el conde de Flandes, los duques de Borgoña o el marqués de Toulouse.

El condado había dejado de ser un bien público para convertirse en propiedad privada que podía ser dividida entre los hijos, tal como hizo Wifredo I, primer conde independiente de Barcelona a partir del año 888.

Fortaleza de Loarre, en Huesca. El crecimiento de la organización condal permitió su expansión hacia el sur y aseguró la independencia de los territorios emancipados de la tutela imperial.

El número de condados catalanes varió continuamente a lo largo del siglo, tanto en función de la división hecha por los carolingios para premiar a sus fieles o facilitar la defensa del territorio contra los musulmanes, como de las divisiones hechas por los condes entre sus hijos. En el año 812, Rosellón, Urgel-Cerdaña, Ampurias, Gerona y Barcelona tenían su propio conde; tres años más tarde, Barcelona-Gerona y Rosellón-Ampurias estaban unidos. A su muerte, en el año 897, Wifredo dividió entre sus hijos los condados de Urgel, Cerdaña-Besalú, Barcelona-Gerona-Vich, etc.; y las divisiones y acumulaciones continuaron en el siglo X, aunque se mantuvo la unión Barcelona-Gerona-Vich, que será el núcleo de la futura Cataluña: Ampurias se integró en el siglo XI; Cerdaña, Besalú y Rosellón permanecieron independientes hasta el siglo XII; y Urgel seguirá teniendo sus propios condes hasta el primer tercio del siglo XIII.

Portada de Santa María de Ripoll (Gerona). La extraordinaria belleza del románico catalán responde al vigor con que los condados catalanes asumieron la creación de su identidad política.

MONARQUÍA HISPÁNICA (VIII-XII)

Reyes de Asturias

Don Pelayo	718-737
Fáfila	737-739
Alfonso I el Católico	739-757
Fruela I	757-768
Aurelio	768-774
Silo	774-785
Mauregato	783-789
Bermudo I el Diácono	789-791
Alfonso II el Casto	791-842
Ramiro I	842-850
Ordoño I	850-866
Alfonso III el Magno	866-910
García I	910-914
Ordoño II	914-924

Reyes de Asturias y León

Fruela II	924-925
Alfonso IV el Monje	925-930
Ramiro II	930-950
Ordoño III	950-956
Sancho I el Craso	956-966
Ramiro III	966-984
Bermudo II el Gotoso	984-999
Alfonso V el Noble	999-1028
Bermudo III	1028-1037

Reyes de Navarra

Iñigo Arista	820-852
García Iñiguez	852-870
Fortún Garcés	870-905
Sancho I Garcés	905-925
García Sánchez I	926-970
Sancho II Garcés Abarca	970-994
García Sánchez II el Temblón	994-1000
Sancho III Garcés el Mayor	1000-1035
García Sánchez III	1035-1054
Sancho IV Garcés el de Peñalén	1054-1076
Sancho V Ramírez	1076-1094
Pedro I	1094-1104
Alfonso I el Batallador	1104-1134
García Ramírez IV el Restaurador	1134-1150
Sancho VI el Sabio	1150-1194
Sancho VII el Fuerte	1194-1234

Condes de Aragón

Aznar Galindo I	h. 824
Galindo Aznárez	844-867
Aznar Galindo II	867-893
Galindo II Aznárez	893-922
Sancho II Abarca	970-994

Reyes de Aragón

Ramiro I	1035-1063
Sancho I Ramírez	1063-1094
Pedro I	1094-1104
Alfonso I el Batallador	1104-1134
Ramiro II el Monje	1134-1137
Petronila	1137-1162

Condes de Barcelona

Wifredo el Velloso	870-897
Wifredo II Borrell	897-914
Suñer	897-947
Miró	947-966
Borrell II	947-992
Ramón Borrell III	992-1018
Berenguer Ramón I el Curvo	1018-1035
Sancho	1035-1049
Ramón Berenguer I el Viejo	1049-1076
Berenguer Ramón II	1076-1097
Ramón Berenguer II	1076-1082
Ramón Berenguer III	1086-1131
Ramón Berenguer IV el Santo	1131-1162

Reyes de Aragón y Cataluña

Alfonso II	1162-1196
Pedro II el Católico	1196-1213

Condes de Castilla

Fernán González	930-970
García Fernández	970-995
Sancho García	995-1017
García Sánchez	1017-1029

Reyes de Castilla y León

Fernando I el Magno	1037-1065
Sancho II el Fuerte	1065-1072
Alfonso VI el Bravo	1072-1109
Urraca	1109-1126
Alfonso VII el Emperador	1126-1157
Sancho III, sólo en Castilla	1157-1158
Alfonso VIII, sólo en Castilla	1158-1214

Para evitar la tutela carolingia a través del arzobispo de Narbona, los condes catalanes empezaron a recurrir directamente a la Santa Sede en los nombramientos eclesiásticos. Borrell II (954-992) obtuvo en Roma el nombramiento de arzobispo de Vich para Atón. Y esta tendencia se acentuó con la penetración de la regla cluniacense en los monasterios de Cuixá, Ripoll, San Pedro de Roda, Santa Cecilia de Montserrat, etc., pues dependían directamente de Roma. Los monarcas francos se vieron eclipsados por los emperadores alemanes, y el condado de Barcelona se independizó totalmente cuando los carolingios fueron sustituidos por los capetos (987).

Los condes catalanes dirigieron algunas expediciones contra los dominios musulmanes en la primera mitad del siglo X, pero aceptaron el protectorado de los califas en cuanto éstos afirma-

Ceremonia de imposición de manos entre un conde catalán y su vasallo, según el *Liber Feudorum Maior*. Los condes catalanes adquirieron conciencia de su poder a medida que se iba desintegrando el imperio carolingio y que sus vínculos feudales, dentro del ámbito catalán, se reforzaron con nuevas conquistas al sur de los Pirineos.

ron su autoridad; las embajadas catalanas coincidían en Córdoba con las leonesas, castellanas y navarras y rivalizaban con ellas en probar su buena disposición hacia los musulmanes y su obediencia a los deseos califales, sin que por ello Barcelona se viera libre de los ataques de Almanzor. Al producirse los enfrentamientos entre eslavos y beréberes, Ermengol de Urgel y Ramón Borrell de Barcelona (992-1018) apoyaron a los eslavos e intervinieron en el saqueo de Córdoba. Los resultados de esta expedición fueron considerables: por primera vez los condados catalanes abandonaban la política defensiva; el botín obtenido permitió una mayor circulación monetaria, con la consiguiente reactivación del comercio, e hizo posible la reconstrucción de los castillos destruidos por Almanzor; pero, sobre todo, sirvió para afianzar la autoridad del conde barcelonés frente a sus vasallos.

La ofensiva catalana

Soldados catalanes del siglo XII marchando al combate. Desde el siglo X, las mesnadas catalanas, compuestas por numerosos contingentes mercenarios, se dedicaron a realizar expediciones de saqueo contra los dominios musulmanes del califato de Córdoba. Adquirieron así botines que hicieron posible el inicio del poderío catalán, que alcanzó su máximo apogeo en los siglos XIV y XV.

41

Arco del Mirhab de la mezquita de Córdoba. La riqueza decorativa desarrollada en las sucesivas ampliaciones del templo cordobés es el símbolo del poderío califal, que hizo de la capital andaluza el centro del Imperio más poderoso de occidente.

El califato cordobés

Abd al-Rahmán III se opuso por todos los medios a la consolidación de las nuevas fronteras, que por el lado leonés sobrepasaban el Duero y por el navarro se extendían hasta el río Aragón y la Rioja Alta. La amenaza cristiana no era, sin embargo, el problema más grave al que había de enfrentarse Abd al-Rahmán. Antes de intentar cualquier acción decisiva contra el norte tenía que controlar Andalucía, dominar las sublevaciones fronterizas y hacer frente a los fatimíes, que desde el norte de Africa amenazaban el comercio andaluz y pretendían sustituir a los omeyas hispanos.

Durante la primera etapa de su largo reinado (912-961), Abd al-Rahmán logró poner fin a la sublevación de Bobastro y reincorporar Pechina,

Sevilla y Granada. Desde la muerte del jefe muladí Ibn Hafsún pudo distraer parte de sus fuerzas y enviarlas a las fronteras cristianas donde logró la victoria de Valdejunquera (920) frente a los asturleoneses y navarros. Cuatro años más tarde, los ejércitos de Córdoba saqueaban Pamplona, y Abd al-Rahmán, libre de enemigos en la Península, pudo concentrar sus fuerzas en la lucha contra los fatimíes, cuya presencia en el norte de Africa era extremadamente peligrosa: su fuerza político-militar podía paralizar el comercio omeya y, en una segunda fase, destruir el emirato; sus doctrinas religiosas igualitarias podían provocar nuevas sublevaciones muladíes y, en cuanto negaban la legitimidad del poder de todo aquel que no descendía de Alí, el yerno del profeta suplantado por el primer omeya, atacaban directamente a la dinastía hispana.

Para someter a los rebeldes y unificar de nuevo al-Andalus, Abd al-Rahmán tomó medidas de extrema dureza. Así, en 928 tomó Bobastro e...

«Hizo exhumar los cadáveres de Umar ben Hafsún y de su hijo y, abiertas sus tumbas, se los halló tumbados sobre la espalda, según la práctica cristiana (...). En consecuencia, fueron retirados de sus sepulcros, y sus impurias osamentas transportadas a Córdoba, fueron expuestas en la Puerta de al-Sudda sobre horcas elevadas junto a la del hereje Sulaymán ben Umar, para servir de advertencia al pueblo, y ello sirvió de satisfacción a los musulmanes.» (Sánchez Albornoz.)

Abd al-Rahmán, cuyos antecesores jamás se habían preocupado de reclamar el título de califa frente a los abasíes, a los que la distancia hacía inofensivos, se vio obligado a adoptar el título de califa (929) para realzar su autoridad frente a los que discutían su poder en la Península (árabes y muladíes) y fuera de ella (fatimíes).

Los problemas de Córdoba

Ataurique del siglo X, procedente del palacio de Medina al-Zahara. La dinastía de Abd al-Rahmán asumió la dignidad califal con el propósito de hacerse con el control de las tribus del norte de Africa, los fatimíes, y de reforzar su autoridad sobre los árabes peninsulares, y sobre los muladíes.

43

La época de esplendor del califato

Si frente a los cristianos Abd al-Rahmán se había limitado a campañas de represalia, contra los fatimíes dirigió expediciones que lograron conquistar Ceuta y Melilla (927-931). La elección de Ceuta como centro de las operaciones contra los fatimíes se debió a su importancia estratégica y económica: era el lugar más apropiado para iniciar un desembarco en la Península y uno de los puntos terminales de las caravanas que, desde el centro de Africa, llevaban el oro sudanés hasta el Mediterráneo. Una vez dificultado el desembarco fatimí y asegurada la continuidad del comercio andaluz, el califa no tenía interés y quizá tampoco fuerzas militares suficientes para combatir directamente a los fatimíes; más práctico y menos arriesgado era apoyar a los beréberes, opuestos a los fatimíes, y comprar la defección de su aliados. La diplomacia y el dinero permitieron a Abd al-Rahmán controlar las comarcas situadas entre Argel y el Atlántico desde el 931 al 953.

Entrada de la casa real de al-Zahara. El palacio de Medina al-Zahara es el máximo exponente de la suntuosidad y del lujo representativos del poderío califal, que alcanzó su cenit con Abd al-Rahmán III. Los demás reyes peninsulares tuvieron que aceptar a este monarca como a un verdadero emperador.

44

La ocupación de Ceuta coincidió con la reanudación de las campañas contra los leoneses, cuyo monarca, Ramiro I, había realizado espectaculares avances y llegó a derrotar a los musulmanes junto a Simancas (939). Pero los problemas de Córdoba en el norte de Africa y las dificultades leonesas en Castilla, cuyo conde pretendía actuar con total independencia, obligaron a disminuir la actividad militar fronteriza.

La rivalidad entre los cristianos fue utilizada por Córdoba para asentar su hegemonía. Desde mediados del siglo los califas actuaron como árbitros en las disputas entre cristianos ayudando a nombrar y deponer reyes, manteniendo tropas en las zonas del norte y exigiendo el pago de sus servicios. La sumisión cristiana no fue total: en algunos momentos los castellanos atacaron las fronteras musulmanas e incluso llegaron a formar una coalición de leoneses, castellanos, navarros y catalanes contra al-Hakan II. Pero a

La expansión cordobesa

Las ruinas, hoy en proceso de excavación, del palacio de al-Zahara, constituyen un valioso testimonio acerca de la cultura califal andalusí; gracias a ellas es fácil deducir que la riqueza del califato no tenía parangón en el mundo europeo occidental.

La grandiosidad de la residencia de Medina al-Zahara provocó la admiración de los embajadores que llegaban a Córdoba a rendir homenaje al gran califa omeya Abd al-Rahmán III. Recepción de embajadores de Bizancio, de Domingo Baixeras.

Córdoba seguían llegando embajadores cristianos (rebeldes en busca de apoyo o príncipes reinantes) que entregaban al califa, entre otros bienes, gran número de esclavos, en reconocimiento de su dependencia y de la superior autoridad califal.

Símbolo del título califal y del poder omeya fue la construcción del palacio cordobés de Medina al-Zahara, maravilla para cuantos pudieron verla:

«Se contaban en ella 4.300 columnas y 300 puertas. En su construcción gastó al-Nasir incontables tesoros, ya que se tiene noticia de que los ingresos de al-Andalus en los días de aquel sultán ascendían a 5.480.000 dinares de oro, que producían los impuestos, más 705.000 dinares que rendían los mercados, el quinto del botín tomado al enemigo, y la capitación

que se cobraba a los judíos y cristianos, cuya suma era igual a todos los anteriores. De estos ingresos al-Nasir gastaba un tercio para el pago del ejército, un tercio depositaba en las arcas reales para cubrir los gastos del palacio y el resto se aplicaba a la construcción de al-Zahara y de aquellos otros edificios que se erigieron durante su reinado (...). El número de columnas, grandes y pequeñas, empleadas en la construcción, ascendía a 4.000 (...) De éstas, algunas vinieron de Roma, 19 del país de los francos, 140 fueron ofrecidas por el emperador de Constantinopla; 115, la mayor parte de mármol rosa y verde, fueron traídas de Cartago, Túnez, Sfax y otros lugares de África. Las restantes provenían de las canteras de sus dominios andaluces; por ejemplo, las de mármol blanco, de Tarragona y Almería; las de mármol rayado, de Rayya.»

Durante los años de Almanzor la situación se mantuvo estable, pero la sumisión no garantizaba la tranquilidad. El caudillo árabe, llegado al poder tras una serie de intrigas que le crearon

Pila de abluciones del patio del oratorio de la casa real de Medina al-Zahara. La riqueza del califa era paralela a su hegemonía sobre los reinos peninsulares cristianos, que se veían obligados a pagar tributos a causa de su inferioridad política y militar.

La noria de Córdoba es uno de los recuerdos vivos de la presencia musulmana en la ciudad del Guadalquivir, que era, en el siglo X, un centro cultural y político, además de una urbe dotada de servicios públicos tan sofisticados para la época como el agua corriente.

numerosos enemigos, culminó su ascenso con la anulación política del califa Hisham II, lo que añadió al grupo de sus enemigos la fuerza nada despreciable de los alfaquíes. Aumentó el número de mercenarios para combatir a los cristianos y modificó la organización militar de la aristocracia árabe para prevenir cualquier sublevación. Contentó a los alfaquíes suprimiendo la liberalización intelectual y religiosa iniciada por al-Hakam y dio nuevo impulso a la guerra contra los cristianos, que sirvió igualmente para pagar a las tropas mercenarias. Ninguno de los reinos y condados cristianos se libró de los ataques de Almanzor, cuyas tropas fueron ayudadas en numerosas ocasiones por condes y reyes, que alternaban la sumisión y el apoyo a los musulmanes con la defensa de sus territorios, solos o aliados a otros cristianos o a rebeldes musulmanes.

Córdoba era en el siglo X la mayor ciudad europea y sus habitantes disfrutaban de comodidades que no han sido conocidas en otras par-

tes hasta el siglo XX: el agua obtenida de las montañas era traída al palacio y llevada desde él a todos los rincones y barrios de la ciudad, por medio de cañerías de plomo; numerosos jardines y paseos públicos acogieron a los cordobeses en sus ratos de ocio, y emires y califas crearon auténticos jardines botánicos que sirvieron de viveros para aclimatar plantas que luego se cultivaban en todo el territorio.

El califa disponía, además, del palacio de Rusafa, mandado construir por el primer omeya, y de numerosas villas reales con nombres poéticos y sugerentes: palacio del jardín, de las flores, del enamorado, del afortunado, de la alegría, de la diadema, de las novedades, a los que Abd al-Rahmán III añadió el ya mencionado de Medina al-Zahara y Almanzor, en los años finales del siglo, el de Medina al-Zahira que son, como su nombre indica auténticas ciudades.

El esplendor omeya

Las ruinas de Medina al-Zahara nos permiten hoy día valorar la grandeza del que fue palacio residencial de Abd Al-Rahmán y que fue dedicado a su favorita Azahara. La magnificencia de los mármoles y del mobiliario dieron una fama legendaria a este recinto de los omeyas cordobeses.

El Imperio de los clérigos leoneses

Para los clérigos mozárabes refugiados en León —la capital se trasladó a esta ciudad en los años iniciales del siglo X— el monarca leonés, en cuanto sucesor de los reyes visigodos, era el único rey legítimo de la Península y su primera obligación consistía en ocupar las tierras dominadas por los musulmanes. La «autoridad» asturleonesa sobre las tierras de Pamplona, de Aragón y de los condados catalanes estaba simbolizada por el título de emperador concedido por los clérigos a Alfonso III (866-910).

La unidad y hegemonía leonesa deseada por los clérigos contrastaba con la realidad política. Los avances hacia el sur se detuvieron al poner fin Abd al-Rahmán a las revueltas muladíes, y los sucesores de Alfonso III tuvieron que hacer frente a las tentativas independentistas de gallegos, asturianos y castellanos. García era un rey sin autoridad total en Galicia como en Asturias donde los hermanos del monarca utilizaban el título real. Las tendencias disgregadoras adquirieron mayor fuerza a mediados de siglo cuando se unificaron los condados castellanos y aumentó la fuerza del conde Fernán González, bajo cuyo mandato Castilla se independizó de León.

El obispo Teodomiro descubre la tumba del apóstol Santiago. La ruta abierta con Europa a partir de la puesta en marcha del camino jacobeo dio a la Iglesia un prestigio que le otorgó el respeto de las diferentes facciones de los reinos cristianos peninsulares, por lo que se convirtió en árbitro de sus disputas.

A la independencia castellana se añadieron las intervenciones de los monarcas navarros, cuya colaboración fue necesaria para hacer frente a los ataques musulmanes desde el valle del Ebro. A los navarros deben parte de su autoridad Ordoño II (914-924) y Ramiro II (931-951), último monarca que mantuvo la unidad del reino y logró algunos éxitos frente a los musulmanes. A la reina Toda de Navarra deben el trono Sancho I o Ramiro III, aunque en estos casos la intervención navarra quedó eclipsada por la presencia de tropas musulmanas que actuaron como árbitros en las querellas entre leoneses, castellanos y navarros. Desintegrado el califato cordobés, Sancho el Mayor de Navarra intervino de nuevo en León y fue su hijo Fernando I de Castilla quien puso fin al reino leonés en 1037.

El cordero sobre el monte Sión, miniatura del *Beato* de la Biblioteca de la Universidad de Valladolid. El poder de la Iglesia astur-leonesa sirvió como contrapeso a las reyertas internas entre la familia real. La Iglesia tuvo que mediar muchas veces en sus disputas por el control de los dominios gallegos y castellanos, con el fin de evitar verdaderas guerras civiles.

Castilla independiente

La independencia de Castilla se debió a una serie de factores entre los que hay que citar su carácter fronterizo y el origen de sus pobladores. Los castellanos eran el baluarte defensivo del reino frente a los musulmanes del Ebro y este hecho explica la unificación de los condados castellanos para facilitar su defensa. A medida que la guerra se alejaba de León, aumentaban las diferencias entre los pobladores del reino y los del condado castellano. La monarquía, por influencia de los clérigos mozárabes, se organizó según el modelo visigodo y concedió a nobles y ecle-

Fernán González y **Sancho el Craso, según un dibujo de la _Crónica del siglo_ XIV. El nacimiento del condado castellano tuvo un desarrollo similar al de los condados catalanes en lo relativo a la consecución de una autonomía política que se transformó en abierta independencia del reino leonés gracias a Fernán González.**

siásticos una gran autoridad que les permitió ampliar y concentrar sus propiedades e incrementar su influencia sobre los campesinos.

Los pobladores de Castilla procedían en su mayoría de zonas poco romanizadas-visigotizadas, de las montañas cantábricas y vascas, en las que predominaba la libertad personal y la pequeña propiedad. La situación fronteriza del condado no animaba a instalarse en él ni a los miembros de la nobleza palatina ni a la jerarquía eclesiástica; en consecuencia, la dependencia de los campesinos no se produjo con la misma intensidad que en León. Las diferencias étnico-culturales y económico-sociales justificaron o estimularon los afanes de independencia del conde, quien, al igual que los altos funcionarios del Imperio Carolingio cincuenta años antes, consiguió hacer hereditarios e independientes sus dominios.

Situada entre Navarra, León y al-Andalus, Castilla mantuvo su independencia gracias a la hábil política de sus condes Fernán González, García Fernández (970-995) y Sancho García

La situación fronteriza de los condados castellanos hizo necesaria la unificación para, facilitar su defensa, hecho que favoreció la posterior independencia de Castilla. Soldados cristianos, según una miniatura del Códice Calixtino.

(995-1017), tan pronto aliados a navarros, leoneses o musulmanes como enfrentados a unos u otros cuando las circunstancias eran favorables. García Fernández organizó y repobló el condado, y Sancho amplió sus fronteras haciéndose pagar en tierras la ayuda prestada a los beréberes andaluces en su lucha con los eslavos por el control del califato.

El equilibrio entre Navarra y León se mantuvo durante la minoría de García (1017-1029), pero el asesinato del infante antes de contraer matrimonio convirtió a Sancho III de Navarra —casado con una hermana de García— en heredero de Castilla, no sin antes comprometerse a mantener la separación entre Castilla y Navarra. En virtud de este acuerdo, el condado sería regido por el segundo de los hijos de Sancho, Fernando, que se convertiría en primer rey castellano a la muerte de su padre (1035).

La expansión castellana trajo consigo un proceso de colonización agraria, esto explica las peculiaridades del sistema feudal castellano, que tuvo en la Iglesia uno de sus más firmes soportes. A la derecha, miniatura románica del siglo XI, que refleja la violencia de las luchas entre reinos cristianos.

La hegemonía navarra

El reino navarro entró en el siglo X en una fase expansiva a partir de la instauración de una nueva dinastía en la persona de Sancho I Garcés (905-925). La ruptura de la alianza con los muladíes del Ebro a mediados del siglo IX tuvo grandes consecuencias para los navarros: en el año 858 el reino fue saqueado por los vikingos y dos años más tarde atacado por los musulmanes que hicieron prisionero y retuvieron en Córdoba durante más de veinte años a Fortún Garcés, heredero del reino. El interés de los monarcas astures en contar con una Navarra fuerte que protegiera su frontera oriental facilitó la alianza entre ambos reinos y colaboró al ascenso político de la dinastía Jimeno.

Sometido, al igual que los demás reinos cristianos, a la tutela cordobesa y a los ataques de Almanzor durante los reinados de Sancho II y García II, el reino adquirió su mayor importancia en época de Sancho III el Mayor (1005-1035), que puede ser considerado el primer monarca europeo de la Península sobre cuya parte cristiana ejerció un auténtico protectorado: como defensor y cuñado del infante García de Castilla, intervino en este condado y se enfrentó al monarca leonés; actuó como árbitro en las disputas internas del condado de Barcelona; ocupó las tierras de Sobrarbe y Ribagorza, y obtuvo el vasallaje del conde de Gascuña. Con razón ha podido afirmarse que su reino se extendía desde Zamora a Barcelona.

Sancho fue el protector de las nuevas corrientes eclesiásticas representadas por Cluny, cuya observancia introdujo en el monasterio aragonés de San Juan de la Peña y en el navarro de Leire, desde los que se realizó una importante labor de cristianización de los navarros. A Sancho III se debe la reparación y modificación de los ca-

Escudo de Navarra, reino que se convirtió, gracias a la dinastía reinante, en un camino de penetración para las corrientes culturales francesas, entre las que destacó la llegada de los monjes cluniacenses que seguían el camino de Santiago.

minos seguidos por los peregrinos que se diri-
gían a Santiago de Compostela y que introdu-
cían en la Península las ideas feudales; éstas llevaron al monarca a dividir sus dominios entre
sus hijos García (Navarra), Ramiro (Aragón),
Fernando (Castilla) y Gonzalo (Sobrarbe-Riba-
gorza) bajo la soberanía del primero, aunque, de
hecho, los tres principados se independizaron de
Navarra y tanto Aragón como Castilla se convirtieron en reinos independientes.

Navarra en expansión

Claustro de San Juan de la Peña (Huesca), primer asentamiento cluniacense en la Península junto con el de Leire, en Navarra.

Hispanos, europeos y norteafricanos

A partir del siglo XI, los reinos cristianos salieron del relativo aislamiento en que se hallaban y se incorporaron a las corrientes políticas, económicas, sociales y religiosas europeas. Los musulmanes, a su vez, intensificaron las relaciones con el norte de Africa, pero éstas cambiaron de signo: desapareció el protectorado omeya en la orilla sur del Mediterráneo occidental al disgregarse el califato, y al-Andalus se convirtió en zona de expansión natural o en provincia de los imperios surgidos en el mundo islámico norteafricano.

Las diferencias en la vinculación a Europa y al norte de Africa pueden explicar por sí solas el triunfo de los cristianos sobre los musulmanes peninsulares; menos visible, pero más efectiva, la influencia europea permitió a los cristianos, divididos políticamente, resistir los ataques de los musulmanes, unificados a fines del siglo XI por los almorávides y en la segunda mitad del XII por los almohades.

Los reinos de taifas

Hasta la segunda mitad del siglo X, el grupo ára-be, minoritario pero bien situado por sus rique-zas, por el desempeño de los altos cargos admi-nistrativos y por el control del ejército, fue pre-dominante en al-Andalus. Pero la compra en masa de esclavos (eslavos) por los califas y el re-clutamiento de mercenarios berébores por Al-manzor rompió el predominio militar de los ára-bes, a los que se integró en cuerpos militares que nada tenían que ver con la organización tra-dicional.

La ilegitimidad política de Almanzor fue deter-minante. Mientras sus campañas militares con-tra los cristianos fueron victoriosas, resultó fácil mantener el equilibrio entre los tres grupos mi-litares, pero bastó una derrota o la adopción de medidas impopulares para desorganizar el siste-ma, romper la armonía entre árabes, berébores y eslavos y provocar la guerra civil, que se inició en el año 1009 tras haber sido derrotados los ejércitos de Abd al-Malik, hijo de Almanzor, y culminó en el año 1031 con la desaparición del califa y la formación en Córdoba de un gobierno de notables en la ciudad.

La guerra civil se desarrolló, en principio, en-tre los dos grupos más poderosos: berébores y eslavos; ninguno de ellos tenía interés en resta-blecer la situación privilegiada de los árabes, por lo que solicitaron ayuda de los cristianos para en-frentarse entre sí y dominar Córdoba. Castilla apoyó a los berébores, previa entrega de nume-rosas plazas en la frontera (1009), y los condes de Urgel y Barcelona colaboraron con los esla-vos en la recuperación de la capital del califato (1010), haciéndose pagar en moneda sus servi-cios.

A partir del 1010, cada jefe militar y cada no-ble local se preocupó sólo de afirmar su autori-

Reinos de taifas

La Torre del Oro de Sevilla es un ejemplo caracte-rístico de las to-rres albarranas que se utilizaban para asegurar la defensa de los re-cintos amuralla-dos. Fue construi-da por los almoha-des y mantenida por la más flore-ciente de las taifas andaluzas, la de Sevilla.

Salón de arcos del palacio de la Aljafería en Zaragoza. A pesar de su limitada extensión territorial y de su efímera existencia, los reinos de taifas lograron un esplendor cultural muy superior al de sus posibilidades políticas. Testimonio de tal esplendor son los magníficos restos de este palacio zaragozano.

dad en el territorio próximo, hasta llegar a constituir los primeros reinos de taifas, en los que cada caudillo actuaba desligado del resto de los musulmanes. Dentro de esta fragmentación se distinguieron tres grupos por el origen étnico de sus dirigentes: las taifas árabes o andalusíes (Sevilla, Córdoba, Toledo, Badajoz y Zaragoza); las eslavas, situadas en la zona mediterránea (Tortosa, Valencia, Játiva, Murcia, etc.), y las beréberes en torno a Málaga y Granada.

Ciertamente, hubo una rivalidad constante entre árabes y beréberes, polarizada en los reinos de Sevilla y Córdoba, pero también fueron frecuentes las luchas entre musulmanes de la misma etnia; sus divisiones y la continua petición de ayuda a los cristianos fueron aprovechadas por éstos que, si en principio se limitaban a hacerse pagar su colaboración, terminaron exigiendo el pago de tributos (parias).

La amenaza cristiana podía ser combatida con la ayuda de los almorávides, pero ésta no interesaba a los reyes, que veían en los nuevos auxiliares peligrosos competidores que los superaban en fuerza militar y religiosa; en cuanto celosos defensores de la ortodoxia, contaban con el apoyo de los alfaquíes y de los creyentes, para quienes la actuación y el modo de vida de los soberanos de al-Andalus eran impropios de un musulmán. Sólo cuando Alfonso VI de Castilla-León ocupó la ciudad de Toledo (1085) y puso en peligro la supervivencia de los reinos de taifas, sus dirigentes se decidieron a solicitar la intervención almorávide, que sirvió para contener a los cristianos y, al mismo tiempo, para reunificar los dominios musulmanes de la Península.

Reinos de taifas

El avance cristiano se basó en la conquista de fortalezas que anularon las posibilidades militares de los reinos de taifas y los convirtieron en tributarios de los castellanos, hasta que la llegada de los almorávides alteró esta situación. Mapa de la Península Ibérica en el siglo XI.

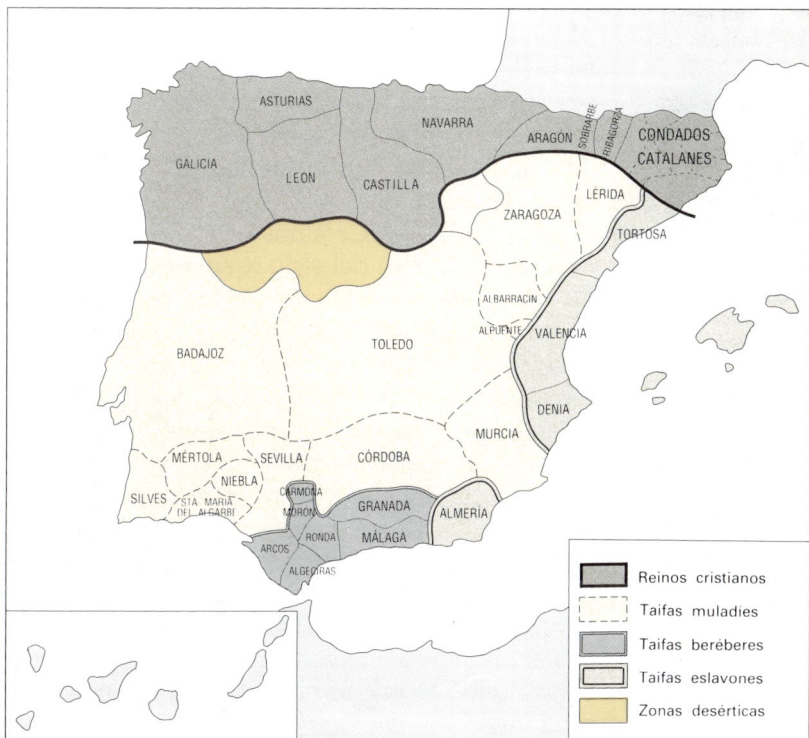

Reinos cristianos
Taifas muladíes
Taifas beréberes
Taifas eslavones
Zonas desérticas

La sucesión de Sancho el Mayor

También los reinos y condados cristianos sufrieron el proceso de disgregación-unificación observado en al-Andalus. El antiguo condado castellano se transformó en reino bajo la dirección de Fernando I; el condado de Aragón y los de Sobrarbe y Ribagorza (convertido el primero en un reino) quedaron en manos de Ramiro I y de Gonzalo, mientras el primogénito, García, se vio al frente de Navarra, investido de una superioridad teórica que ninguno de sus hermanos respetaba. La guerra civil entre cristianos (ninguno de los hermanos se conformó con las fronteras de sus reinos) coincidió en el tiempo con las guerras entre los taifas, pero mientras en el sur ninguno de los soberanos consiguió imponerse a sus adversarios, en el norte los castellanos ocuparon el reino leonés, Aragón incorporó Sobrarbe y Ribagorza, y en 1076 se unieron aragoneses y navarros. Esta concentración de fuerzas explica el predominio sobre los musulmanes, favorecido por las continuas aportaciones monetarias de las parias.

La situación en Cataluña era similar: a la unificación de finales del siglo X sucedió la división de los condados de Barcelona-Gerona-Vich y el de Urgel, que se mantuvieron separados hasta el siglo XIII, aunque los condes de Urgel parecían reconocer la superior autoridad del conde barcelonés. El proceso disgregador del sistema feudal pasó en Cataluña por una segunda fase de gran trascendencia: a la insumisión de los condes-funcionarios frente a los reyes carolingios siguió la rebeldía de los vasallos-funcionarios del conde, que consiguieron hacer hereditarias las tierras y cargos recibidos, y aspiraban a poder actuar de modo independiente cuando al frente del condado se encontraba un menor o una persona incapacitada.

El cobro de las parias

Las parias atraían a los reyes cristianos ante todo por su valor económico, pero su importancia política fue innegable. El cobro iba unido generalmente al vasallaje de los reyezuelos musulmanes y, de hecho, quien cobraba las parias consideraba las tierras del vasallo como zona de influencia y de futura conquista cuando las circunstancias aconsejaran sustituir la protección pagada por la guerra de ocupación. La presencia castellanoleonesa en Zaragoza y en Valencia no sólo privó de importantes ingresos a navarros, aragoneses y catalanes, sino que, además, impidió su expansión hacia el sur. Del mismo modo, la protección dispensada por navarros y catalanes a zaragozanos y valencianos encerró en sus estrechos límites a Aragón, que buscará por todos los medios romper el cerco.

El dinero de las parias se empleó en la compra de objetos manufacturados procedentes de la España musulmana, en la construcción de nuevos edificios religiosos (el auge del románico no se explica sin la aportación del dinero musulmán) y, ante todo, en el fortalecimiento de la autoridad de reyes y condes.

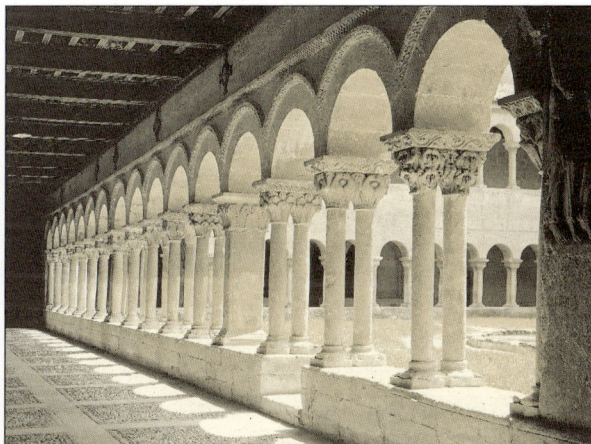

Claustro románico de Santo Domingo de Silos (Burgos). Paradójicamente, la construcción de estos costosos edificios se sufragó, en buena parte, gracias a los tributos obtenidos de los reyes musulmanes, mientras duró la época de las taifas.

63

La independencia de Portugal

Alfonso VI de León y Castilla se proclamó emperador tras la conquista de Toledo. El título era la prueba de que el monarca castellano aspiraba a reconstruir la unidad peninsular, simbolizada por la antigua capital visigoda en la que, un año después de la ocupación, se restauraba la sede eclesiástica para dar al arzobispo el título de primado de toda Hispania de la misma forma que el emperador era rey de reyes. Pero la unificación de al-Andalus por los almorávides y el inicio de los ataques contra los cristianos pusieron fin a los sueños imperiales y unitarios; el reino entró en un período de crisis que desembocaría en la separación del condado portugués, en una nueva guerra entre castellanos, leoneses y gallegos y en una serie de revueltas sociales apoyadas por el monarca navarroaragonés Alfonso el Batallador.

Vencido en repetidas ocasiones por los almorávides en sus últimos años y carente de hijos varones, Alfonso confió la defensa del reino a sus yernos Raimundo de Borgoña y Enrique de Lorena, llegados al reino, como otros muchos, atraídos por la posibilidad de enriquecerse enfrentándose a los musulmanes de acuerdo con el espíritu cruzado puesto en marcha por los pontífices romanos. La muerte prematura de Raimundo de Borgoña dejó al reino en manos de su viuda Urraca en momentos en los que se necesitaba una dirección militar para contener a los almorávides, y quizá por este motivo, poco antes de morir (1109) Alfonso concertó el matrimonio de Urraca con Alfonso el Batallador.

El nuevo matrimonio chocó con los intereses del partido de los clérigos cluniacenses de origen franco, que apoyaban al hijo de Raimundo de Borgoña, que más tarde será conocido como Alfonso el Emperador.

Alfonso VI, intitulado emperador tras avanzar la frontera cristiana hasta el Tajo, hubo de hacer frente a la dura prueba que supuso la invasión almorávide, que dejó en entredicho la realidad del título imperial.

El conflicto tuvo tres fases en las que se produjeron diversas vicisitudes y se alteraron las alianzas. Urraca reinó en León (gran parte de Castilla estuvo en manos del monarca aragonés) y su hijo Alfonso ejerció su autoridad en Galicia y en Toledo. Sólo después de la muerte de Urraca (1127) fue pacificado el reino a costa de perder, en favor de Navarra, una parte de las tierras conquistadas por Fernando I, Sancho II y Alfonso VI (se volverá a las fronteras fijadas entre ambos reinos por Sancho el Mayor) y de reconocer de hecho la independencia de Portugal, bajo la dirección de Alfonso Enríquez.

La unión catalanoaragonesa

Libre del avispero castellano, Alfonso el Batallador centró sus esfuerzos en la lucha contra los musulmanes, a los que arrebató, entre 1117 y 1135, cerca de 25.000 kilómetros cuadrados, en los que se hallaban las ciudades de Zaragoza, Tudela y Tarazona. Lérida, Tortosa y Valencia eran sus próximos objetivos, pero no pudieron ser ocupados por la oposición del conde barcelonés Ramón Berenguer III (1097-1131), que no podía tolerar que se le cerrara el paso hacia el sur. Estas campañas, así como las expediciones realizadas contra Cuenca y Andalucía, fueron posibles gracias al apoyo de cruzados europeos, de cuyo espíritu se imbuyó el monarca hasta el punto de nombrar herederas de sus reinos a las Ordenes Militares. Ni aragoneses ni navarros aceptaron el testamento y mientras los primeros elegían rey a Ramiro II, hermano del monarca, los nobles navarros, a los que la expansión apenas había beneficiado, proclamaban a uno de los suyos, a García Ramírez.

Gausbert de Perelada recibe el homenaje de un vasallo, según la miniatura del *Liber Feudorum Maior*, de 1132. La política de los condes catalanes en el siglo XII se caracterizó por una labor de acercamiento a los intereses aragoneses, en perjuicio de los navarros y castellanos.

Roma, protectora de las Ordenes, no podía tolerar que se icumpliera el testamento de Alfonso, mucho menos en el reino de Aragón, infeudado a la Santa Sede, pero ni siquiera el Papa podía hacer que se respetara íntegramente el testamento porque éste era ilegal: Alfonso podía disponer libremente de las tierras conquistadas, pero las recibidas de sus antepasados pertenecían al Reino y no podían ser cedidas.

Se llegó a una solución en 1137, mediante el matrimonio de Ramón Berenguer IV de Barcelona con Petronila, heredera de Aragón. Roma unía dos territorios sobre los que tenía derechos feudales y el conde-rey garantizaba a las Ordenes una compensación económica a cambio de su renuncia. La unión de aragoneses y catalanes servía, además, de eficaz contrapeso al poder castellano que amenazaba la expansión hacia el sur. Navarra fue considerada parte del reino, aunque el poder efectivo estuviera en manos de los barones y de su rey García Ramírez.

Miniatura del *Codex de la Paería,* en la que el conde-rey Alfonso I recibe a clérigos y nobles en una recepción en su palacio. La figura del conde-rey representó un factor de equilibrio entre los reinos del este peninsular y, mediante uniones dinásticas, fue transfiriendo a los catalanes el control de los asuntos aragoneses.

El Imperio hispánico

El antiguo reino musulmán de Zaragoza no fue incorporado ni a Navarra ni a Aragón. Entregaron el reino a Alfonso VII de Castilla, el primer beneficiado por la muerte de Alfonso el Batallador; ocupó Zaragoza y recuperó las tierras de Nájera y La Rioja, retenidas en 1127 por el monarca aragonés. La entrega de Zaragoza al monarca castellano obedecía a la necesidad de hacer frente a los ataques almorávides, contra los que nada podían los aragoneses y navarros divididos, y al interés de los nobles por hacer hereditarios los honores y tenencias concedidos vitaliciamente por Alfonso el Batallador con la obligación de entregarlos a las órdenes una vez fallecidos sus titulares. Alfonso VII declaró hereditarios unos y otras y utilizó el reino zaragozano para intervenir en Aragón y Navarra y aumentar la hegemonía castellanoleonesa.

Alfonso VII era el monarca más poderoso de la Península y se hizo conceder el título de em-

El siglo XII es un período de incertidumbre en lo que se refiere a la hegemonía militar de los cristianos sobre los musulmanes. La entrada de los almorávides representó un recrudecimiento de la guerra y un fortalecimiento de los monarcas más belicosos, entre los que destacó Alfonso VII, continuador del título imperial asignado a la corona castellana.

Lo caualeiro estauo a missa o uno na batalla huar mui feramte

E el conde o caualeiro rotolo cristãos leuaro muito a ss. oj.

perador en 1135. El «imperio» de Alfonso VII se extendía sobre Aragón, Navarra, Portugal y sobre amplios territorios de al-Andalus, dividido desde 1144 en numerosos reinos de taifas con los que el emperador seguía la política iniciada por Alfonso VI: apoyo a unos contra otros, a todos contra los almorávides y a éstos contra los almohades, sublevados en el norte de Africa y desembarcados en la Península en el año 1146.

La división de los musulmanes permitió asegurar el dominio de Toledo e hizo concebir a los reyes cristianos una serie de proyectos tendentes a poner fin al dominio musulmán: en 1147 y tras la ocupación de Calatrava, Baeza y Uclés, Alfonso se apoderó de Almería con la ayuda de sus vasallos y de las ciudades italianas de Pisa y Génova, interesadas en acabar con la piratería musulmana y en disponer de un puerto que les permitiera comerciar con el norte de Africa; años más tarde, el monarca castellano intentó ocupar Jaén, ciudad que controlaba las comunicaciones entre Andalucía oriental y occidental, pero sus esfuerzos fracasaron. Con la pérdida de Almería en 1157, Castilla se vio obligada a ceder las plazas ocupadas al sur del puerto del Muradal.

En el siglo XII, la caballería se convirtió en el arma más eficaz de las mesnadas cristianas. Las operaciones de castigo contra los dominios musulmanes no hubieran sido posibles sin el empleo de estos caballeros y sus pesadas armaduras.

Los cinco reinos

La tendencia unitaria esbozada por el Imperio no sobrevivió a su fundador, cuyos dominios de Castilla y León fueron divididos entre sus hijos. Los reinados de ambos y sus herederos, hasta la unión definitiva de Castilla y León en 1230, transcurrieron entre guerras continuas en las que cada uno buscaba aliados estratégicamente situados: Aragón y Navarra al lado de los leoneses y Portugal en apoyo de Castilla, sin desdeñar cualquier otro tipo de alianzas y recurriendo si fuera preciso a los almohades, a los que tan pronto se pedía apoyo como se les combatía por medio de las milicias concejiles o de las Ordenes Militares (Santiago, Alcántara y Calatrava) creadas en Castilla y León en la segunda mitad del siglo XII.

Las zonas conflictivas entre castellanos y leoneses eran Tierra de Campos, con límites mal definidos en el testamento del Emperador, y Extremadura, donde los reyes leoneses tenían que hacer frente a castellanos y portugueses que ponían en peligro su expansión hacia el sur. De la ocupación de Extremadura, dependía la independencia eclesiástica leonesa pues en Mérida radicaba la sede arzobispal del reino de León, trasladada provisionalmente a Compostela.

La guerra que los cristianos llevaron entre sí en la frontera castellano-leonesa constituyó el punto álgido de la conflictividad entre ambos reinos. La enemistad entre los cristianos facilitó la supervivencia de los reinos árabes durante este siglo.

Los reyes de Castilla entraron en conflicto con Navarra, por la ocupación de La Rioja, y con Aragón-Cataluña, por fijar las zonas de cobro de parias y de futura conquista. Por el Tratado de Cazorla (1179), Castilla y Aragón-Cataluña se repartían Navarra y fijaban los límites de ambos reinos en Valencia y Murcia. La unión catalanoaragonesa privó a Navarra de fronteras con los musulmanes, y los acuerdos entre castellanos y aragoneses hicieron peligrar el reino. Los navarros buscaron su salvación en la alianza con los señores de Champaña, que se convirtieron en reyes de Navarra a partir de 1234, tras la muerte de Sancho VII, personaje que hallamos tan pronto al frente de una coalición navarroleonesa contra Alfonso VIII, como combatiendo junto a los almohades en el norte de Africa o ayudando a Castilla en las Navas de Tolosa (1212).

Batalla entre musulmanes y cristianos, según Marçal del Sax. Al iniciarse el siglo XIII, la unión entre los cristianos se hace efectiva y el poderío almohade en la Península es derrotado en la batalla de las Navas de Tolosa (1212).

Ciudadanos contra campesinos

Si fuera posible definir con una sola palabra la economía y sociedad de al-Andalus y de los reinos cristianos, deberíamos calificar a la primera de urbana y de campesina a la segunda. La civilización islámica fue predominantemente urbana: sus ciudades eran centros artesanales y comerciales, así como focos de cultura. En el campo cristiano la ruralización fue la norma hasta muy avanzado el siglo XI, y la cultura se reducía a temas religiosos y al ámbito clerical, hasta que los traductores hicieron llegar al mundo europeo las obras de los clásicos, asimiladas y, en muchos casos, desarrolladas por pensadores musulmanes y judíos.

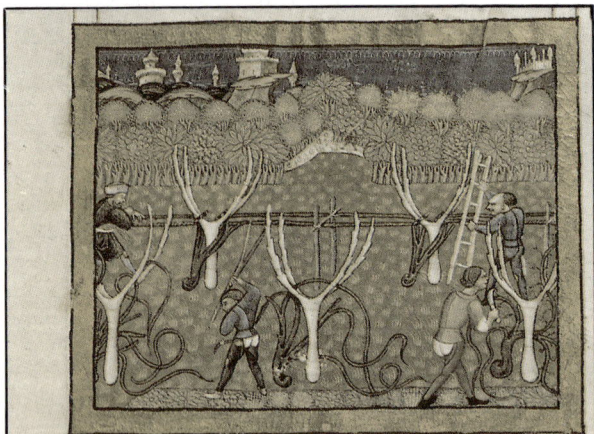

Poda de frutales, según una miniatura medieval. La agricultura fue el modo de vida y la fuente de ingresos de las dos Españas. Las técnicas agrícolas de los musulmanes destacaban por su empleo del regadío y por la aclimatación de especies traídas de Africa y de Arabia.

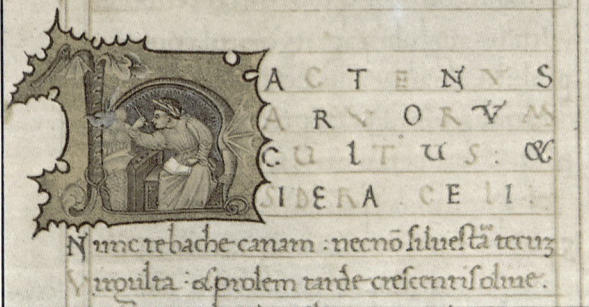

Bases económicas de al-Andalus

La guerra fue a lo largo de toda la Edad Media una fuente de riqueza, de botín y de tributos. Al-Andalus no fue una excepción: la conquista puso en manos de los musulmanes tesoros como los que fueron hallados después en Guarrazar y en Torredonjimeno, o como el de la llamada «mesa de Salomón», valorada en 200.000 dinares o monedas de oro; las campañas dirigidas contra los cristianos, o contra el norte de África, aportaron ingentes cantidades de oro, plata y objetos valiosos, al decir de los cronistas musulmanes. A ellos debemos igualmente la noticia de que, en los primeros momentos de ocupación de la Península, se hicieron más de 500.000 cautivos (un quinto correspondió al tesoro público y el resto fue repartido entre los vencedores), muchos de los cuales fueron vendidos como esclavos, y otros obligados a cultivar la tierra y a entregar a los señores el tercio de sus cosechas.

Junto al botín y los tributos, la explotación de los campesinos mozárabes y muladíes fue la base de las finanzas estatales y de los ingresos de la nueva aristocracia de al-Andalus durante los siglos VIII y IX. Las tierras de los vencidos, los bienes y las personas eran repartidas entre los vencedores; y quienes se sometían pacíficamente, quienes aceptaban las capitulaciones ofrecidas por los musulmanes, debían pagar anualmente —como en el caso de los hombres de Teodomiro—:

«un dinar y cuatro modios de trigo, y cuatro de cebada, y cuatro cántaros de arrope, y cuatro de vinagre y dos de miel, y dos de aceite».

Aunque nos falta información sobre la propiedad de la tierra y sobre las relaciones entre propietarios y campesinos, sabemos, sin embargo,

al-Andalus

Vendimiador tomado de una miniatura mozárabe. Los tributos que los campesinos mozárabes aportaban al erario califal representaron una fuente de ingresos estables, lo que facilitó la relativa tolerancia hacia estos colectivos de «infieles», tan necesarios para el buen funcionamiento de la economía.

73

que predominaba la gran propiedad, heredada del mundo visigodo, y que los campesinos pagaban censos variables que podían llegar hasta los cuatro quintos de la cosecha. Eran frecuentes los contratos de aparcería, según los cuales el dueño de la tierra y el colono ponían la mitad de la simiente y se repartían la cosecha a partes iguales, corriendo de cuenta del colono el trabajo y los gastos que se produjeran. Los productos más frecuentes eran los cereales y la aceituna, para cuya molturación existían numerosos molinos de viento e hidráulicos, algunos de los cuales estaban montados sobre balsas y podían, por consiguiente, desplazarse a lo largo de los ríos según las necesidades de cada momento. Pese a las prohibiciones coránicas, el vino continuó formando parte de la alimentación, y el cultivo de la vid tuvo una gran importancia en los territorios conquistados.

Los árabes no se limitaron a obtener de la tierra los mismos productos que los visigodos; procedían del desierto, en el que es preciso aprovechar al máximo los recursos, y practicaban un cultivo intensivo que exigía frecuentes y complicadas obras de irrigación, gracias a las cuales aumentó considerablemente el rendimiento de la tierra y pudieron obtenerse productos frutales y de huerta hasta entonces desconocidos en la Península (arroz, caña de azúcar, granadas, agrios, dátiles) así como plantas aromáticas e industriales (azafrán, algodón, morera para gusanos de seda).

Esta agricultura desarrollada fue objeto de una minuciosa reglamentación y de algunos tratados teóricos entre los que cabe destacar el llamado *Calendario de Córdoba,* dedicado al califa al-Hakam II y compuesto por el secretario de la corte, Arib ibn Sad, y el obispo de Córdoba, Recemundo.

Las palmeras datileras fueron adaptadas al suelo hispano, así como otras especies agrícolas, que convirtieron al-Andalus en un vergel, cuya riqueza fue aprovechada para aclimatar nuevas colonizaciones musulmanas al territorio peninsular.

Industria y comercio

El paso de una agricultura de subsistencia a otra en la que se alternaban los artículos de primera necesidad con los de lujo y con las materias primas utilizadas en la industria supuso un cambio de mentalidad que, sin duda, hay que relacionar con la islamización u orientalización de al-Andalus. Junto a cantores, poetas, médicos, filósofos y administradores se importaban de Oriente técnicas de cultivo y nuevos productos, que, unidos a una mejora de la situación de los campesinos por obra de los alfaquíes, permitieron la producción de excedentes, que llegaban junto con los censos a las ciudades en las que residían funcionarios y miembros de la aristocracia árabe.

Se revitalizaron así los centros urbanos, en los que aparecieron las primeras industrias y los mercaderes encargados de captar las materias primas y de distribuir los productos elaborados. La importancia de estos mercados permanentes exigió que se regularan las actividades comerciales, que se nombrara un jefe de mercado o zabazoque y que se escribieran manuales para uso de esos funcionarios. Las ciudades eran también centros artesanales en los que se trabajaba la madera, el cuero, el vídrio y los metales; en los que existía una fuerte industria textil de lana, lino, algodón y seda; en los que se preparaban medicinas y colorantes. La población vivía de la artesanía y del comercio, en el que participaba el propio Estado, en lugares especialmente reservados o alcaicerías, que se reservaban el monopolio de venta de seda y de artículos de lujo.

Si el resurgir urbano no se explica sin la mejora de los rendimientos agrarios, la ciudad influyó a su vez sobre el campo: atraía a sus hombres y sus productos, le vendía los artículos manufacturados y le obligaba a dedicar una parte

El desarrollo urbano de al-Andalus se vio favorecido por un abundante comercio de objetos suntuarios, tan exquisitos como este jarrón procedente de la Alhambra de Granada.

Marfiles (arriba) y tejidos preciosos (abajo) eran algunos de los productos traídos de Oriente hasta la península Ibérica, gracias al activísimo comercio desarrollado en los puertos del mar Mediterráneo, que, durante la Edad Media, era dominio casi exclusivo de los reinos musulmanes.

76

de la tierra a la producción de artículos no alimenticios (colorantes y plantas textiles, aromáticas y medicinales). En definitiva, se produjo entre la ciudad y el campo una corriente de intercambios que permitió a los campesinos aumentar sus ingresos y que obligó a perfeccionar la agricultura; y como el poder público era parte interesada, favoreció este comercio con la mejora de las vías de comunicación.

La industria de al-Andalus no se limitaba al mercado interior: las materias primas y la mano de obra (esclavos) procedían, en parte, del exterior (de Europa o del mundo islámico); y los mercaderes de al-Andalus llevaban por todo el Mediterráneo los productos elaborados en las ciudades. Este activo comercio interior e internacional suponía la existencia de una moneda que, sin perder su carácter político (reflejo y manifestación del poder de quien la acuñaba), era instrumento comercial, medida de valor de las cosas. La abundancia de moneda y su función comercial se explican por la inclusión de la Pe-

nínsula en el mundo musulmán, en el que con-
fluían las corrientes comerciales bizantinas, per-
sas, asiáticas y africanas, y por la destesauriza-
ción llevada a cabo por los musulmanes directamente (al fundir los tesoros capturados) o indi-
rectamente (al exigir tributos en metal y obligar
a sus poseedores a destesaurizarlos).

El comercio omeya se centraba en el ámbito
musulmán: de Oriente se importaban, pagados
a precio de oro, esclavos privilegiados, distingui-
dos por su cultura, sus dotes musicales o su dominio de la danza, y libros, joyas, especias y objetos de adorno; del norte de Africa se obtenían
esclavos, oro y cereales; de Europa llegaban pie-
les, madera para la construcción naval, metales,
armas —a pesar de las prohibiciones pontificias
de vender a los musulmanes lo que hoy llama-
ríamos materias estratégicas— y esclavos a cambio de productos de lujo y moneda. El tráfico
más importante era el de esclavos, cuyo comercio estaba asegurado por los mercaderes judíos
establecidos en las zonas del alto Danubio y del
Rin y en los valles del Mosa, Saona y Ródano,
desde donde los «rebaños» de esclavos llegaban
a Córdoba pasando por Narbona y Barcelona.
Esclavos femeninos se obtenían igualmente en
los reinos y condados cristianos de la Península,
generalmente como botín de guerra.

Las caravanas que transportaban objetos de lujo, oro y esclavos llegaban hasta los mercados andalusíes, donde sus valiosas mercancías contribuían a incrementar el intercambio mercantil y la riqueza de la España musulmana.

Distribución de la riqueza

Los ingresos proporcionados por la artesanía y el comercio se gastaban en donativos, más o menos voluntarios, destinados a atraerse la benevolencia de superiores o inferiores, en gastos de prestigio y en actividades militares. Se operaba así una redistribución de la riqueza acaparada por el Estado, pero no se creaban nuevas riquezas. Los beneficiarios directos fueron los miembros de la aristocracia, quienes a comienzos del siglo XI usurparon los poderes del califa y crearon sus propios Estados (reinos de taifas), semejantes a los señoríos de la Europa cristiana. Y para sobrevivir, también se vieron obligados a incrementar la presión sobre los vasallos para disponer de recursos que les permitieran reclutar ejércitos numerosos o pagar los tributos exigidos por sus enemigos.

Las descripciones del lujo desplegado en la recepción de embajadores, en la construcción de edificios destinados al culto y de los palacios rea-

La corte califal cordobesa fue el centro del mundo occidental. Las recepciones a embajadores de Oriente y Occidente dieron al califato una enorme influencia en los asuntos internacionales.

les son prueba suficiente de la importancia de los gastos de prestigio. Abd al-Rahmán III se presentaba ante los embajadores sentado en «un trono brillante de oro, resplandeciente de joyas», e hizo construir el palacio de Medina al-Zahara, cuya brillantez podemos suponer si tenemos en cuenta que durante muchos años su construcción absorbió un tercio de los ingresos del Estado. Atendían el palacio 13.750 servidores masculinos y 3.350 pajes, esclavos y eunucos. Para alimentar a los peces de los estanques se gastaban diariamente 12.000 hogazas de pan.

No menos suntuoso fue el palacio de al-Zahira, mandado construir por Almanzor, o la mezquita de Córdoba; ésta, iniciada por Abd al-Rahmán I, fue continuamente ampliada y enriquecida por sus sucesores, entre ellos, al-Hakam II, quien en la segunda mitad del siglo X contó con un experto mosaiquista, enviado por el emperador de Bizancio junto con 320 quintales de piezas de mosaico bizantinas.

La entrada al Mirhab de la mezquizta cordobesa es el símbolo de la riqueza y refinamiento de la España musulmana. Los mejores artistas del momento trabajaron en las ampliaciones de esta mezquita y los más lujosos materiales fueron empleados en su decoración.

La economía de los reinos y condados cristianos

Aunque las fuentes para el estudio de la economía de los territorios del norte son de un laconismo irritante, al menos hasta el siglo XI, puede afirmarse que la economía de estas regiones se basó en el botín y en el cultivo de la tierra; es decir, que tuvo características similares a las de la economía europea, aunque en la Península tuviera mayor importancia el botín debido a la situación de guerra permanente, contra los musulmanes y entre sí, que vivían los reinos y los condados cristianos. De hecho, la mayor parte de las expediciones militares, durante este período, no tenían como objetivo la ocupación de las tierras, sino la obtención del botín.

La ausencia de expansión territorial no significa, sin embargo, que las relaciones entre cristianos y musulmanes fueran pacíficas; sin duda, hubo intercambios no bélicos, de tipo comercial o cultural, que explican, por ejemplo, la existencia en Cataluña de centros influidos por la cultura musulmana, pero también abundaron las campañas de saqueo, únicas que pueden explicar las riquezas acumuladas por el monarca pamplonés en el siglo IX. Por lo que se refiere a los catalanes, sabemos que alternaban las cam-

El panorama económico de la España cristiana se fundamentó en una actividad agraria mucho menos rica que la musulmana debido a las difíciles condiciones del clima mesetario y de los territorios septentrionales del este y del oeste peninsular, mucho menos favorables que las zonas levantinas y meridionales, controladas por los musulmanes.

pañas en busca de botín con el comercio: por tierras catalanas pasaban los rebaños de esclavos adquiridos en Europa por emires y califas; y al comercio y a la piratería —ambas actividades iban con frecuencia unidas— se dedicaban las naves del conde de Ampurias que se presentaron en el puerto de Pechina a finales del siglo XI.

Los ingresos de la guerra permitían, a nobles y eclesiásticos, adquirir artículos manufacturados y objetos de lujo, cuya mención en los documentos podría inducirnos a pensar que nos hallamos ante una economía artesanal y comercial, de no ser por la procedencia extranjera de estos objetos. La masa de población vivía de la tierra, de la ganadería y de la agricultura, con predominio del pastoreo en los primeros tiempos debido al carácter montañoso, poco apto para el cultivo, de las tierras ocupadas por los cristianos. Los estudios realizados sobre monas-

La vida de las comunidades agrícolas cristianas se ciñó a los ciclos naturales determinados por las labores de cultivo y cosecha, a las que se sumaba el pastoreo en las zonas menos favorables a la agricultura.

terios castellanos y leoneses o sobre Cataluña no dejan lugar a dudas: la base de la economía eran los cereales, el vino y la ganadería; la moneda carecía de importancia hasta los años finales del siglo X y frecuentemente se pagaba en especies, en ganado o en cereal.

Aunque puede hablarse de situaciones semejantes en Castilla-León-Portugal y Cataluña, las diferencias entre una y otra economía eran considerables: los condados orientales, y quizá pudiéramos decir lo mismo de Navarra y Aragón si dispusiéramos de estudios, eran un lugar de paso entre el mundo islámico y el carolingio o europeo, y por sus tierras cruzaba un activo comercio que, sin duda, contribuyó a acelerar el paso de la economía natural a la monetaria; prueba de ello fue la temprana acuñación de moneda en los condados catalanes, con más de cien años de adelanto sobre los reinos occidentales, en los que la escasa actividad comercial podía ser atendida con los restos de la moneda visigoda o sueva y con las piezas acuñadas en al-Andalus o en el mundo carolingio, únicas que circulaban hasta el siglo XI.

El predominio de la economía y de la población agraria no quiere decir que no existieran

Arrieros judíos, según un manuscrito ilustrado del siglo XIII. La dificultad para mantener un comercio regional favoreció la labor de activos comerciantes, como los hebreos, que servían de enlace económico entre las distintas comarcas y regiones peninsulares.

centros urbanos de relativa importancia; residencia de las autoridades eclesiásticas ante todo, acogían al mismo tiempo a los organismos de las administraciones; en ellos vivían los señores laicos y los eclesiásticos, y a ellos llegaban los tributos y también los productos que la población no agrícola necesitaba para su alimentación y vestido. Atraídos por este mercado, los campesinos incrementaron su producción, y las ventas efectuadas les permitieron participar, aunque en pequeña medida, de la moneda reunida por los laicos, gracias al botín, y por los eclesiásticos, gracias a las donaciones piadosas.

Cuanto antecede, válido para los condados catalanes, puede aplicarse en menor medida a la zona occidental de la Península. Sánchez-Albornoz ha demostrado que al mercado de León acudían hebreos con artículos de gran precio destinados a satisfacer las necesidades de lujo de los grupos dirigentes; campesinos que intercambiaban sus animales, que vendían el ganado indispensable para la guerra y para el prestigio social, y que abastecían las tiendas permanentes de la ciudad o vendían sus productos alimenticios en el mercado semanal.

Construcción de una casa en una ciudad cristiana durante la Edad Media. La ampliación de las ciudades estuvo motivada por el incremento de los intercambios comerciales que se efectuaban en los mercados comarcales.

Pastores y mercaderes

Las diferencias entre los reinos occidentales y los condados catalanes se acentuaron a partir del siglo XI. El botín o las parias, la agricultura y la ganadería siguieron siendo la base de la economía, pero mientras en la zona occidental se dio preferencia a la ganadería, en los condados catalanes adquirió importancia la industria y con ella el comercio. En una zona predominarán los ganaderos, en la otra los mercaderes.

El predominio de la ganadería en la zona occidental se explica por la amplitud de las tierras conquistadas y por la escasez de los conquistadores. Carentes de hombres para reploblar de modo efectivo las zonas ocupadas (la frontera se situaba en el Tajo), castellanos, leoneses y portugueses las dedicaron a la ganadería que exigía menor mano de obra y era más fácilmente defendible en caso de ataque enemigo. Esta ganadería practicaba desde tiempos remotos cierta trashumancia dentro de las tierras de cada propietario o dentro del término municipal, de acuerdo con las normas contenidas en los fueros; la zona de trashumancia se extendió a Extremadura y La Mancha, al ser ocupadas, y su utilización dio lugar a numerosos conflictos que

El comercio marítimo estuvo muy limitado en la España cristiana, ya que el predominio naval musulmán en el Mediterráneo imposibilitó un tráfico fluido. Tan sólo a partir del siglo XIII, los cristianos empezaron a desarrollar una actividad marítima notable.

serán regulados mediante la creación de mestas o asociaciones de ganaderos reunidos en una sola, la Mesta, a partir de 1273.

La hegemonía ganadera no excluyó la existencia de una agricultura próspera, que conocemos a través de los fueros concedidos a los concejos creados en el valle del Duero a lo largo de los siglos XI y XII. En estos mismos fueros pueden encontrarse referencias a artesanos, pero su producción estaba destinada al consumo local y raramente tenía salida al exterior. Más importancia tuvo el comercio practicado en las ciudades surgidas a lo largo del Camino de Santiago, pero ni su comercio ni su actividad artesanal, destinada sobre todo a atender a los peregrinos, sobrevivirán a la pérdida de importancia del Camino en el siglo XIII. Aragón, Navarra y los reinos occidentales serán zonas fundamentalmente agrícolas y ganaderas.

No ocurrió lo mismo en los condados catalanes donde las ciudades entraron pronto en contacto con el mundo europeo, italiano sobre todo, y, a imitación suya, supieron crear una industria capaz no sólo de limitar las importaciones sino también de competir en el exterior con las manufacturas europeas. La industria textil fue la más importante y adquirieron fama los paños de Barcelona, Lérida, Valencia, Perpiñán y Montpellier. Junto a la industria textil destacaba la elaboración de joyas, el trabajo del coral, la fabricación de papel, el jabón, el vidrio y la construcción naval. Junto a las actividades industriales, se desarrollaron, en consecuencia, las comerciales, por la proximidad del Mediterráneo y por la pacificación de los condados desde mediados del siglo XI. Pronto destacaron los mercaderes de Barcelona que sufragaron, en parte, la conquista de Tortosa, en el siglo XII, y financiaron, en el siglo XIII, la ocupación de Mallorca.

Las regiones industriales

La ganadería ovina trashumante, regulada en las mestas, favoreció la creación de una clase aristocrática de propietarios de ganado que se enriqueció rápidamente gracias a las exportaciones de lana a Europa septentrional. Miniatura de un evangeliario medieval con la escena de la anunciación de los pastores.

Riqueza y diferenciación social

Propietarios libres en los siglos VIII y IX, una gran parte de los campesinos de los reinos y condados cristianos habían perdido o estaban a punto de perder, a comienzos del siglo XI, la propiedad de sus bienes y, con ella, la libertad personal, para convertirse en campesinos dependientes. Esta transformación de la sociedad fue desigual y tuvo causas múltiples; fue más acentuada en las comarcas en las que abundaba la población de origen o de mentalidad visigoda o carolingia, y tuvo menor intensidad en las zonas de frontera y allí donde no existían (o eran de creación tardía) grandes monasterios y sedes episcopales.

La guerra fue decisiva desde el punto de vista de la organización social: en las zonas de frontera predominaba la población libre, ya que para asegurar la repoblación y defensa del territorio se concedía a los pobladores un fuero privilegiado que garantizaba su libertad y propiedad; pero si la guerra «creaba» hombres libres, al mismo tiempo daba origen a la aparición de jefes militares con una fuerza que les permitiría más adelante imponerse a los simples libres. Por otra parte, a medida que la población se cristianizaba, se iban restaurando, o se creaban de nuevo, las sedes episcopales y surgían monasterios que pronto se convertirían en grandes propietarios de tierras, merced a su esfuerzo repoblador y a las donaciones más o menos interesadas de los reyes, condes y particulares. Se creó así una gran propiedad, militar y eclesiástica, al lado de las pequeñas parcelas de los pequeños campesinos, y éstos no tardaron en sufrir la presión de sus poderosos vecinos.

Paralelamente a este proceso económico, e íntimamente ligado a él, se perfeccionó una estructura política en la que el poder, en todas sus

Los campesinos constituian la médula de la sociedad. De su trabajo y de sus numerosos impuestos se nutrían las clases superiores, mediante una compleja red de sistemas de vasallaje dependientes de la nobleza y del clero.

acepciones, estaba unido a la propiedad de la tierra, que daba a los señores una serie de derechos sobre los campesinos, no sólo sobre los que vivían en sus propiedades, sino también sobre los de las comarcas próximas. Enfrentados a los grandes propietarios y sin posibilidad de coordinar sus esfuerzos, los pequeños campesinos terminaron por someterse a los nobles, en mayor o menor número y de un modo más o menos completo, según fuera la fuerza de éstos.

Junto a los libres privilegiados por su función y riqueza (nobles y eclesiásticos) y al lado de los simples libres propietarios de la tierra que cultivaban, cuyo número disminuyó continuamente, existían en todos los reinos y condados hombres de un señor, del propietario cuyas tierras cultivaban; no podían abandonar la tierra sin permiso del dueño, al que estaban obligados a prestar una serie de servicios como trabajar las tierras que se reservaba el señor durante determinados días en las épocas de mayor trabajo agrícola

Los pequeños propietarios agrícolas soportaron la presión de los grandes latifundistas, mediante los impuestos directos e indirectos, y, en muchos casos, se vieron abocados a renunciar a su estatuto de libertad a cambio de una protección que era, a menudo, una servidumbre encubierta.

(siembra, recolección, vendimia), épocas en las que debían abandonar las tierras que cultivaban a título personal para atender gratuitamente las señoriales.

Las guerras de los siglos XI-XII no modificaron sustancialmente la organización social; el poder siguió en manos del grupo militar, de la nobleza —laica o eclesiástica— a la que se unieron, en los reinos occidentales, los guerreros-pastores que poblaban los concejos creados en el valle del Duero. En las zonas del norte, libres de la guerra, prosiguió la absorción de la pequeña propiedad y la sumisión de los campesinos. En las tierras nuevas —la importancia de esta *novedad* ha hecho que perduren hasta hoy nombres como Castilla la Nueva o Cataluña la Nueva— las necesidades de la defensa obligaron a conce-

La clase nobiliaria gozó del estatuto privilegiado que le estaba reservado en exclusiva a ella y al clero. Sus amplios dominios territoriales permitían a los nobles asumir el control efectivo del poder político y el mando en sus feudos, cuyas cortes eran muchas veces más poderosas que las de los reyes.

der privilegios a los repobladores, a garantizarles la libertad personal y la propiedad de las tierras que cultivaban.

Los centros artesanales y comerciales surgidos a lo largo del Camino de Santiago estaban muy lejos de ser ciudades formadas por hombres libres; sus pobladores se hallaban sometidos, en la mayor parte de los casos, a obispos, abades y nobles que acentuaron el proceso de feudalización iniciado en los siglos anteriores. Tampoco los concejos creados en los siglos XI-XIII se transformaron en ciudades, a pesar de que en la temprana fecha de 1188 sus dirigentes, los guerreros-pastores, fueron llamados por el monarca leonés para intervenir en la dirección del reino al lado de nobles y eclesiásticos. Representaban a las ciudades en las Cortes, pero no eran ciudadanos, sino ganaderos y agricultores.

Sólo en Cataluña, a partir de la explotación de la tierra y del dinero de las parias, se crearon auténticas ciudades artesanales y comerciales, libres de la injerencia nobiliaria y con burgueses que podrán, a partir del siglo XIII, rivalizar en poder con los nobles y eclesiásticos y orientar la política exterior de la monarquía de acuerdo con sus intereses. Para desarrollar sus actividades, los mercaderes y los artesanos necesitaban una gran libertad y el poder de nombrar a sus propios dirigentes entre quienes mejor pudieran facilitar el desarrollo económico. La formación de este régimen municipal fue lenta y no tuvo un desarrollo simultáneo en todas las ciudades: dependía de la situación jurídica (dependencia del rey o de un señor), de la situación geográfica, de la importancia de su economía; pero ya en el siglo XI podían verse los primeros rasgos de esta organización que se fijó claramente a mediados del XII. Sólo entonces podrá hablarse de la existencia de una burguesía fuerte en Cataluña.

La organización social

Sin duda, la labor de la Iglesia evitó que el período que se cierra en el siglo XIII se caracterizara por un régimen basado en la fuerza. Sin la aportación civilizadora del cristianismo, no hubiera sido posible mantener la conciencia europea en la España medieval.

Datos para una historia

Años	Península Ibérica	Acontecimientos europeos
711	Derrota y muerte de Rodrigo en Guadalete. Comienza el Emirato dependiente	Justiniano es derrocado y asesinado
718	Pelayo derrota a los musulmanes	Ataque árabe contra Constantinopla
722	Los musulmanes son vencidos en Covadonga	El monje benedictino Bonifacio es consagrado obispo en Roma
739	Sublevación de los beréberes norteafricanos y de la Península	Bonifacio es nombrado legado para Germania
750	Sequía en la Meseta, que dura hasta el 753	Fin de la dinastía omeya en Oriente y comienzo de la abasí
756	Abd al-Rahmán I se proclama emir independiente	Pipino invade Italia y Astolfo reconoce la soberanía franca
778	Los árabes de Zaragoza, apoyados por Carlomagno, son derrotados en Roncesvalles	León IV, emperador de Bizancio, vence a los musulmanes en Germanikeia (Siria)
782	El monje Félix es nombrado obispo de Urgel. Concilio de Sevilla (784)	Alcuino de York conoce en Pavía a Carlomagno y entra a su servicio
786	Se inicia la Mezquita de Córdoba	El califa al-Habi es asesinado
788	Se inicia el emirato de Hisham I en al-Andalus (-796)	Tasilón III, duque de Baviera, es derrotado por los francos en Lechfeld
791	Alfonso II, rey de Asturias (-842)	Campaña de Carlomagno contra los ávaros
793	Los musulmanes recuperan las comarcas francas entre Tolosa y Narbona	Primeras expediciones de los normandos, que desembarcan en Lindisfarne
797	Sublevaciones muladíes en Toledo	Promulgación del *Capitulare Saxonicum*
805	Sublevaciones muladíes en Mérida	Muere Alcuino de York (804)
816	Los pamploneses, unidos a los muladíes, expulsan a los carolingios	El papa Esteban IV corona a Luis I el Piadoso en Reims
818	Los carolingios son expulsados de Aragón	Muere Irmingarda, mujer de Luis I, que casa con Judit de Baviera
822	Se inicia el emirato de Abd al-Rahmán II	Levantamiento iconoclasta en Bizancio.
828	Motín de los alfaquíes en Córdoba	Los francos saquean la costa norteafricana
852	Concilio de Toledo	Luis II, emperador de Occidente (855)
858	Navarra es saqueada por los vikingos	Focio, patriarca de Constantinopla
859	Ejecución de San Eulogio en Córdoba	Nuevo avance bizantino hacia el este
860	Los musulmanes saquean Navarra y capturan al heredero Fortún Garcés	Luis el Germánico renuncia a sus pretensiones sobre Aquitania
868	Sublevaciones muladíes en Badajoz	El papa Adriano II condena a Focio
882	Rebelión de los muladíes andaluces, que se mantienen en Bobastro hasta el 928	Los normandos saquean Colonia, Aquisgrán y Tréveris
888	Wifredo I, primer conde independiente de Barcelona.	El conde Edón de París es elegido rey de los francos de Occidente
897	Wifredo I divide sus posesiones entre sus hijos	Muere el papa Esteban IV
905	Sancho Garcés, rey de Navarra (-925)	Benedicto IV es elegido papa (904-911)
912	Comienza el emirato de Abd-al-Rahmán III	Muere el emperador León VI de Bizancio
914	Ordoño II, rey de Galicia (-924)	Juan X es elegido papa

Años	Península Ibérica	Acontecimientos europeos
920	Abd al-Rahmán III derrota a los asturleoneses y navarros en Valdejunquera	Constantino VII nombra a Roman Lecapeno coemperador de Bizancio
924	Los ejércitos de Córdoba saquean Pamplona	Simeón de Bulgaria llega a Constantinopla para negociar con Romano Lecapeno
928	Abd al-Rahmán III conquista Bobastro	El papa Juan X es asesinado por Marozia
929	Abd al-Rahmán III se proclama califa independiente	Enrique I de Sajonia fortalece la Marca de Meissen
931	Ramiro II, rey de León (-951)	Juan XI, hijo de Marozia, es elegido papa
939	Ramiro II derrota a los musulmanes junto a Simancas	Otón I derrota a los duques de Franconia y de Lorena en Xanten y Ardenbach
954	Borrel II, conde de Barcelona (-992)	Los húngaros son expulsados de Tracia
987	El condado de Barcelona se independiza totalmente	Muere Luis V el Perezoso, último rey carolingio
992	Ramón Borrel, conde de Barcelona (-1018)	Muere Mieszko de Polonia
995	Sancho García, conde de Castilla (-1017)	Otón III sube al poder
1005	Sancho III el Mayor, rey de Navarra (-1035)	Los búlgaros pierden Durrës (Durazzo) ante los bizantinos
1009	Comienza la guerra civil entre musulmanes. Castilla apoya a los beréberes	Muere el papa Juan XVIII. Es elegido Sergio IV
1010	Comienza la formación de reinos de taifas. Urgel y Barcelona apoyan a los eslavos	El poeta Firdusi termina el Libro de los Reyes, que narra la vieja historia persa
1029	Es asesinado el infante García de Castilla	Enrique III es coronado rey en Aquisgrán (1030)
1035	Fernando I, primer rey de Castilla (-1065)	Enrique III de Alemania casa con la hija de Canuto el Grande (1036)
1076	Navarros y aragoneses se unen	Gregorio VII excomulga a Enrique IV
1085	Alfonso VI toma Toledo	Muere el papa Gregorio VII
1097	Ramón Berenguer III, conde de Barcelona (-1131)	Primera Cruzada (1096-1099)
1109	Muere Alfonso VI. Su hija Urraca casa con Alfonso I, rey de Aragón y Navarra	Enrique V de Alemania se enfrenta al duque Boleslao III de Polonia
1117	Alfonso I el Batallador comienza la conquista de Zaragoza, Tudela y Tarazona	Enrique V nombra al antipapa Gregorio VIII (1118)
1135	Alfonso VII se proclama emperador	Apogeo de la lírica provenzal (1135-1145)
1137	Ramón Berenguer IV de Barcelona casa con Petronila, heredera de Aragón	Luis VII sube al trono de Francia
1146	Desembarco almohade en la Península	Eugenio III es elegido papa (1145)
1147	Alfonso VII conquista Almería	
1157	Los musulmanes reconquistan Almería	
1179	Tratado de Cazorla entre Aragón y Castilla	Alejandro III convoca el XI Concilio Ecuménico
1197	Matrimonio entre Berenguela de Castilla y Alfonso IX de León	Muere Enrique VI, emperador de Alemania

Glosario

Abasí (dinastía)

Dinastía de califas musulmanes de Oriente que, en el año 750, derrocó en Damasco a la dinastía omeya, en el poder, escapando de la matanza únicamente el futuro emir de Córdoba, Abd al-Rahmán I. Trasladaron la capital del califato a Bagdad en el 762, y su época de máximo esplendor fue a finales del siglo VIII y principios del IX (conocida universalmente por los cuentos de *Las mil y una noches*). Las revueltas internas y la presión de los turcos ocasionaron la ruptura del califato en el siglo X. En 1258 los mongoles entraron en Bagdad y pusieron fin a la dinastía abasí.

Alcaicería

Recinto comercial donde se vendían mercancías de lujo (sedas, plata, etc.). En al-Andalus las alcaicerías eran propiedad real, siendo alquiladas por los mercaderes. El recinto se cerraba por la noche y era vigilado por unos guardianes.

Alfaquí

Entre los musulmanes doctor de la ley que deriva del Corán. Eran los encargados de velar por que la justicia y el gobierno se llevaran a cabo dentro de los preceptos del Corán. En al-Andalus los alfaquíes fueron protagonistas destacados de la cultura y la política.

Almohades

Grupo de tribus fanáticas del occidente africano que, en 1120, acabó con el predominio almorávide en este continente. En 1146 llegaron a la Península y un año después acabaron con la supremacía almorávide. Vencedores en la batalla de Alarcos (1195), frente a Alfonso VIII, fueron derrotados en la batalla de las Navas de Tolosa (1212), siendo definitivamente eliminados y desplazados por los benimerines en 1224.

Almorávides

Tribu guerrera del Atlas que, a mediados del siglo XI, dominó el occidente africano, creando allí un vasto imperio. Cuando Alfonso VI conquistó Toledo en 1085, los musulmanes de la Península solicitaron su ayuda, lo cual produjo su desembarco y la implantación de su dominio hasta el 1147, año en que los almohades acabaron con su poderío.

Arista (dinastía)

Íñigo Arista (c. 770-852) fue el primer rey de Pamplona. Era hijo de un jefe vascón, cuya viuda casó con Musá ibn Musá, emparentando así con los banu Qasi de Tudela, que fueron sus aliados contra los soberanos de Córdoba en defensa de su independencia. Los descendientes de Íñigo Arista dominaron el reino de Pamplona hasta comienzos del siglo X

Ataurique

Trabajo artesanal en yeso con decoraciones de hojas y flores.

Beréberes

Pueblo norteafricano que, a partir del siglo VII, fue paulatinamente ocupado por los árabes, a pesar de su resistencia, convirtiéndose finalmente al islamismo y sirviendo en el ejército musulmán. Dinastías beréberes fueron los almorávides, los almohades y los benimerines.

Cataluña la Nueva

Zona de expansión de los antiguos condados catalanes surgidos en el siglo IX (Cataluña la Vieja). Desde finales del siglo XI las conquistas catalanas se dirigieron, por un lado, hacia las tierras del interior del valle del Ebro y, por otro, hacia el sur, ocupando las tierras que llegan hasta la desembocadura del mismo río, e incorporando también Tarragona y Tortosa. Ambas tierras recibieron el nombre de Cataluña la Nueva.

Censo

Pago que, durante la Edad Media, al campesino realizaba a su señor a cambio de la concesión de la tierra. Los censos se pagaban en su origen en especies, aunque a lo largo del tiempo se fueron transformando en pagos monetarios. Había dos tipos de censos: los de renta fija y los de renta variable. Los segundos consistían en un porcentaje de la cosecha, desde una décima parte a la mitad, según casos o productos.

Cluny

Abadía fundada en el 910 por Guillermo de Aquitania en la que se estableció la primera congregación de benedictinos cluniacenses. Tuvo gran importancia durante toda la Edad Media por su perfección religiosa y a ella pertenecieron varios santos que habían sido abades en la misma, como San Hugo, San Mayolo y San Odilón. El papa Gregorio VII se apoyó en los cluniacenses para hacer su reforma.

Códice

Manuscrito compuesto por varias hojas de pergamino o papiro, encuadernado en forma de libro, y no en forma de rollo como se hacía en la antigüedad. Los códices se impusieron en los siglos IV y V.

Corán

Libro sagrado de los musulmanes, compuesto por 114 capítulos denominados *suras*, divididos en versículos. Para los musulmanes, el Corán es la palabra de Dios transmitida a Mahoma por el arcángel San Gabriel. El Corán contiene una colección de dogmas y preceptos que están presentes en todos los aspectos de la vida musulmana. El libro fue escrito después de la muerte de Mahoma y la redacción definitiva se realizó en tiempos del califa Otmán.

Fatimíes

Dinastía musulmana (909-1171), descendiente de Fátima, hija de Mahoma. Extendieron su dominio por el norte de Africa y fundaron El Cairo, estableciéndose definitivamente en Egipto, donde el califato fatimí duró dos siglos.

Kalbíes (o yemeníes)

Arabes del sur, que practicaban una vida sedentaria, dedicada a la agricultura.

Malequí (doctrina)

La más intransigente de las cuatro doctrinas del islamismo, fundada por Malik ibn Anas en el siglo VIII. Fue introducida en la Península en los últimos años del reinado de Abd al-Rahmán I y su conversión en doctrina oficial fue obra de Hisham I.

Modio

Medida para áridos, usada ya por los romanos, que equivalía aproximadamente a tres celemines castellanos, es decir, al equivalente a cuatro cuartillos o 4.625 mililitros. Por otra parte, antiguamente el celemín correspondía, en Castilla, a 537 metros cuadrados, espacio de terreno que se consideraba necesario para sembrar un celemín de trigo.

Omeya (dinastía)

Dinastía de califas musulmanes que reinaron en Damasco desde el año 661 al 750, hasta que fueron derrocados por la dinastía abasí, que dio muerte a toda la familia Omeya. Unico superviviente de la matanza fue Abd al-Rahmán I, que, tras pasar a la Península, se proclamó emir independiente en el 756. El máximo apogeo de los omeyas en la Península se produjo con Abd al-Rahmán III, que se proclamó califa independiente en el 922. La dinastía, así como el califato de Córdoba, acabarían el año 1031, con la formación en la ciudad de un gobierno de notables y la creación de los reinos de taifas.

Órdenes militares

Agrupaciones de laicos, unidos por votos religiosos, cuyo fin era defender la religión y los oprimidos. Florecieron durante las cruzadas y más tarde fueron secularizadas por los papas. Vestían un hábito con cruz en el pecho. Se convirtieron en un núcleo de ejército permanente dispuesto a luchar en cualquier momento contra los infieles. En España surgieron en época de la Reconquista y fueron las de Calatrava, Alcántara, Santiago y Montesa.

Qaysíes

Arabes del norte, nómadas y pastores, que atacaban con frecuencia las caravanas de mercaderes y saqueaban los campos de cultivo.

Reinos de Taifas

Pequeños reinos independientes surgidos en el siglo XI al descomponerse el califato cordobés tras ser destronado Hisham II (1031). Al-Andalus quedó dividida en veintitrés reinos, y volvió a dividirse en varios reinos de Taifas a partir del ocaso de los almohades (1232).

Toda

Reina de Navarra, muerta después del 958, esposa de Sancho Garcés I. Fue regente del reino después de la muerte de éste en el 925, durante la minoría de edad de su hijo García Sánchez I. Con su gran temple y energía, llevó las riendas del gobierno y, aun después de la mayoría de edad de su hijo, prolongó su intervención en los asuntos políticos con gran talento.

Índice alfabético

94

Bibliografía

Arié, R., *España musulmana*. Labor, Barcelona, 1982.

Barbero, A. y Vigil, M., *La Formación del feudalismo en la Península Ibérica*. Col. Crítica-Historia, Crítica, Barcelona, 1982.

Grau, M. y otros, Los Abbasíes. Cuadernos Historia 16, nº 29, Madrid, 1985.

Guillén, C. y otros, *La conquista de Toledo*. Cuadernos Historia 16, Madrid, 1985.

Iradiel, P., Moreta, S. y Sarasa, E., *Historia Medieval de España*. Cátedra, Madrid, 1989.

Lacarra, J. M., *Aragón en el pasado*. Col. Austral, Espasa Calpe, Madrid, 1979.

Lacave, J. L. y otros, *Judíos en la España medieval*. Cuadernos Historia 16, nº 38, Madrid, 1985.

Martín, J. L., *La Edad Media a su alcance*. Universidad de Salamanca, Salamanca, 1978.

— *La Península en la Edad Media*. Teide, Barcelona, 1985.

Martín, J. L. y otros, *Así nació el castellano*. Cuadernos Historia 16, nº 18, Madrid, 1985.

— *Carlomagno (y 2)*. Cuadernos Historia 16, nº 155, Madrid, 1985.

Ripoll, L. A. y otros, *Recaredo y su época*. Cuadernos Historia 16, nº 171, Madrid, 1985.

Salrach, J. M. y otros, *Carlomagno (1)*. Cuadernos Historia 16, nº 154, Madrid, 1985.

— *Así nació Cataluña*. Cuadernos Historia 16, nº 11, Madrid, 1985.

Samsó, J. y otros, *Así nació el Islam*. Cuadernos Historia 16, nº 21, Madrid, 1985.

Samsó, *Ciencia musulmana en España*. Cuadernos Historia 16, nº 144, Madrid, 1985.

Valdeón, J., *El Califato de Córdoba*. Cuadernos Historia 16, nº 102, Madrid, 1985.

Vallvé, J. y otros, *Los Omeyas*. Cuadernos Historia 16, nº 25, Madrid, 1985.

Vernet, J. y otros, *El Islam, siglos XI-XIII*. Cuadernos Historia 16, Madrid, 1985.